Els 100 refranys més populars

Primera edició: novembre del 2012

Edita:
9 Grup Editorial
Cossetània Edicions
C/ de la Violeta, 6 – 43800 Valls
Tel. 977 60 25 91
Fax 977 61 43 57
cossetania@cossetania.com
www.cossetania.com

Disseny i composició: Imatge-9, SL

Impressió: Romanyà-Valls, SA

ISBN: 978-84-9034-032-5

Dipòsit legal: T-916-2012

ÍNDEX

DEL *TOP TEN* AL *TOP 100*

El març del 2010, com una mena de joc destinat als lectors del meu blog personal, *Raons que rimen* (vpamies.dites.cat), vaig fer una crida per intentar determinar, a partir d'una enquesta a través d'internet, els deu refranys més populars de la llengua catalana. Volia fer una enquesta senzilla i que convidés a la participació de la gent. Per això vaig cercar un nom que cridés l'atenció, utilitzant un anglicisme que alguns lletraferits encara no m'han perdonat, *El 'top ten' dels refranys catalans*, i vaig establir tan poques normes com em va ser possible: calia que qui hi volgués participar m'enviés a través del correu electrònic els deu primers refranys que li vinguessin al cap i que em digués on havia nascut, d'on provenia la seva família i si havia canviat de lloc de residència. Tot plegat no pretenia més que poder determinar la variant dialectal de l'informant per adscriure la seva aportació a una zona determinada.

La crida demanava que els lectors enviessin individualment i una sola vegada els resultats per correu electrònic, sense que enlloc hi hagués cap llista pública de refranys, per no condicionar la participació d'altra gent (vaig seguir estrictament la norma de no publicar cap refrany en el meu blog durant els tres mesos llargs que va durar la recollida de dades, precisament per no influir en la tria dels possibles informants). Igualment, la crida no concretava què cal entendre per *refrany* (dites, frases fetes, locucions, proverbis?) per no complicar excessivament la comprensió de la pregunta; no demanava l'edat, però sí on havia nascut la persona participant. Determinar l'origen geogràfic dels informants m'interessava especialment perquè volia que l'enquesta recollís amb una certa proporcionalitat tots els territoris de parla catalana. Per entendre'ns: es tractava de determinar els refranys més populars de la nostra llengua i no pas només de Catalunya, en aquesta identificació errònia (i perniciosa) entre català i Catalunya que tot sovint veiem a tort i a dret.

Vaig recollir enquestes fins per Sant Joan (més de tres mesos, doncs), perquè em volia reservar els mesos d'estiu per analitzar les dades obtingudes i poder oferir resultats a partir de la tardor del mateix any.

Finalment van participar en l'enquesta 1.205 persones, que em van permetre treballar amb un corpus fraseològic de prop de 12.000 refranys. Ara calia analitzar aquesta informació tan copiosa: determinar equivalències entre refranys que es poden expressar amb molt diverses variants i, sobretot, acabar podent determinar els deu refranys avui més populars de la llengua catalana (objectiu primer de l'enquesta) i fer aproximacions per territoris (hi ha variacions ben significatives) i per temàtiques tractades.

Crec poder afirmar que el sistema és innovador i, els costos, extraordinàriament inferiors als de qualsevol enquesta personal o telefònica: un únic enquestador, durant tres mesos, dinamitza i promociona l'enquesta a través de mitjans digitals i rep a la seva bústia electrònica tants resultats com persones pot mobilitzar en l'estudi. Després, aquesta mateixa persona, durant els tres mesos següents, converteix la informació obtinguda en una base de dades que li permet de fer l'estudi i tabular tantes dades estadístiques com considera necessàries, a partir de les informacions obtingudes. I el setè mes, publica i presenta els resultats de l'estudi i en fa la difusió i promoció als mitjans digitals amb aparicions en premsa, ràdio i televisió.

Hi podem objectar totes les pegues i limitacions metodològiques imaginables, però vaig intentar aplicar els coneixements de sociolingüística apresos a la carrera de Filologia Catalana i vaig procurar preservar la integritat de les dades. Vaig fer consultes a especialistes en la matèria pel que fa a la metodologia emprada i a la distribució de la mostra per determinar percentatges de participació ideals per a tots els territoris de parla catalana, i va haver-hi poques objeccions. Trobaven a faltar dades com ara l'edat dels participants i qüestionaven la veracitat o l'espontaneïtat de les dades aportades (qüestió que, potser sí, una enquesta personal o telefònica hauria assegurat amb alguna precisió superior).

Qui em diu que tots els participants han fet arribar els deu primers refranys que els han vingut al cap i que no han consultat ningú ni cap repertori sobre refranys, en paper o a internet? Ningú. De la mateixa manera, no podem saber si la gent respon la veritat en qualsevol enquesta feta a peu de carrer o per telèfon, sense anar més lluny. És molt possible que, quan els informants són més d'un en un mateix nucli familiar (n'hi ha hagut alguns casos), s'hagin influït mútuament per repetir certs refranys o bé, al contrari, per no repetir-los, amb l'ànim de donar respostes diferents.

No considero, doncs, que les objeccions a la credibilitat d'aquesta enquesta puguin diferir gaire de les que podríem plantejar a qualsevol altra enquesta feta amb altres mitjans, sempre que no tinguem una màquina de la veritat connectada a cada participant.

També es podria objectar que el mitjà, internet, deixa sense representació els segments de població sense accés a la xarxa. Els resultats em demostren que hi ha sectors de gent gran (els que podríem pensar a priori que tenen un accés més limitat a aquestes eines) que hi han participat directament o induïdament gràcies a algun conegut que ha recollit la seva aportació i me l'ha enviada separadament. Així, hi havia alguns participants octogenaris i em sembla recordar que fins i tot algun de nonagenari.

Per minimitzar aquests possibles esbiaixaments demanava deu refranys. Sabia que eren prou perquè no sortissin tots deu d'una tirada i que els informants haurien de fer un exercici de memòria. I són aquests darrers, els que més costaven de fer aparèixer, els que m'interessaven realment. La prova d'això és que en general molta gent deia que li havia costat molt d'arribar a la xifra de deu refranys. Els primers podien venir condicionats per algun record recent. Però no pas tots deu.

I la interferència del castellà?, es preguntarà més d'un. Molta gent sí que usa refranys, però moltes vegades, entremig d'una conversa, sentim un refrany castellà tot i parlar català habitualment: *En casa del herrero, cuchillo de palo*; *Quien mucho abarca poco aprieta*; *A quien madruga Dios le ayuda*; *Mucho ruido y pocas nueces* i molts altres. És com allò de citar Shakespeare en castellà, com si en comptes de ser fill d'un poble a la vora de l'Avon hagués nascut a la riba del Pisuerga. Curiosament, dels prop de 12.000 refranys rebuts podem comptar amb els dits d'una mà els que eren en castellà. Suposo que els mateixos participants ja hi van aplicar el filtre abans de comunicar-los, perquè la petició deixava ben clar que es tractava de determinar els refranys més populars «de la llengua catalana».

Com a anècdota us diré que només un comunicant va haver de repetir la participació perquè no va entendre bé la pregunta. Un refrany també pot voler dir la tornada d'algunes cançons populars. Doncs un informant de la Catalunya del Nord em va fer arribar el títol de 10 cançons populars. Un entre 1.205!

Així, aprofitant que el 10 d'octubre de 2010 era una data amb tres deus ben formosos, vaig decidir que el refrany més popular de la llengua catalana havia de sortir publicat al blog el 10/10/10, després d'oferir el rànquing en ordre invers a partir de l'1 d'octubre amb un joc de pistes inclòs per animar els participants a endevinar, abans d'oferir els resultats, quins eren els deu refranys més votats.

L'estudi de les dades d'aquesta enquesta em va permetre treure algunes conclusions ben interessants: per exemple, que una de cada tres persones havia esmentat el refrany guanyador: *Qui no vulgui pols que no vagi a l'era*. Sorprenent! Quants d'aquests més de 400 informants no han vist mai una era o fins i tot no saben ni tan sols què és? Malgrat tot, el refrany continua ben viu. Una altra dada significativa d'aquest refrany és que guanya tots els altres amb molta comoditat, ja que hi ha una diferència de quasi 100 vots entre aquest i el número 2 (*Al maig, cada dia un raig*).

Elaborant també els resultats per zones dialectals vaig poder observar que les respostes diferien i les diferències eren prou sensibles per tenir-les en compte. Vaig constatar que certs refranys són exclusius d'una zona determinada, com ara el valencianíssim *Diu el mort al degollat: qui t'ha fet eixe forat?*, o un de ben típic balear: *Qui barata, es cap es grata*. Les variants formals en dites equivalents també eren molt apreciables, com era d'esperar.

La participació final va ser la següent: 825 respostes del Principat de Catalunya (68,46%), 220 del País Valencià (18,26%), 74 de les Illes (6,14%), 9 de la Catalunya del Nord (0,75%), 5 d'Andorra (0,41%), 6 de la Franja de Ponent (0,5%), 1 de l'Alguer (0,08%) i 65 d'origen indeterminat o divers (5,39%). Segons el percentatge de població catalanoparlant d'aquests territoris, el nombre ideal de respostes hauria d'haver estat de 699 del Principat de Catalunya (–126), 371 del País Valencià (+151), 92 de les Illes (+18), 28 de la Catalunya del Nord (+19), 7 d'Andorra (+2), 5 de la Franja de Ponent (–1), 4 de l'Alguer (+3). En total, vaig poder catalogar 2.341 refranys diferents, dels quals vora 1.500 els va dir una única persona.

El *Top ten* dels refranys catalans, l'estudi, ha ofert l'inventari de refranys que conté aquest llibre. Teòricament són els 100 refranys més populars i coneguts de la llengua catalana, ordenats pel nombre de vots rebuts. Jo hi he afegit la informació fraseològica (explicacions, origen i anècdotes, quan n'hi ha, equivalents idiomàtics...), sovint ampliada amb el cabal lèxic que atresora la web RodaMots. I en Jordi Palou, a més a més, ha cercat i classificat els passatges que demostren que els refranys són ben vius, i que tant poden aparèixer en una novel·la com en un article periodístic, en uns versos o en l'acudit d'un diari.

Hi ha, no cal dir-ho, antecedents gloriosos d'obres que cerquen glossar i explicar l'origen dels refranys. Naturalment, no hem ignorat les delicioses i increïbles explicacions de Joan Amades, i també hem trobat inspiració en les *Reflexions sobre la saviesa dels proverbis*, d'Antoni Llull i Martí, o la *Garbellada de refranys* de Josep M. Sugranyes, entre molts altres. Pel que fa a les etimologies que afegim al final de cada capítol, ens hem basat sobretot en les que recull el *Diccionari etimològic* de Jordi Bruguera.

Esperem que pugueu gaudir d'aquest recull i que el nostre esforç resulti d'utilitat per contribuir a mantenir viva la riquesa d'aquesta parcel·la de la llengua —els refranys— que no hauríem de perdre ni oblidar.

VÍCTOR PÀMIES I RIUDOR

01 / 100

QUI NO VULGUI POLS QUE NO VAGI A L'ERA

Aquest proverbi significa que qui vulgui tranquil·litat, millor que no cerqui complicacions. És a dir, que qui no vulgui disgustos, que no es fiqui en raons. Hi ha un equivalent que trobem en diverses llengües romàniques que diu que *Qui no vulgui veure llàstimes, que no vagi a la guerra* (*Quien no quiera ver lástimas, no vaya a la guerra*, o *Chi ha paura, non vada a la guerra*). Com recull Antoni Llull a *Reflexions sobre la saviesa dels proverbis* (1994), a Espanya, França i Itàlia tenen unes altres imatges per expressar la mateixa idea: *Al bosque no vaya quien de las hojas miedo haya*; *Qui a peur des feuilles, n'aille point au bois*; *Chi ha paura d'ogni foglia, non vada al bosco*, en el sentit que 'Qui té por de les fulles, que no vagi al bosc'. En anglès trobem una versió més casolana, popularitzada pel president nord-americà Harry S. Truman: *If you can't stand the heat, get out of the kitchen* ('Si no pots aguantar la calor, marxa de la cuina'). La immensitat del mar també pot provocar pors: *Non vada in mare chi d'acqua ha paura* ('No vagi a la mar qui l'aigua tem'). O encara, *Qui no vulgui ballar, que no vagi al ball*, que aconsella no anar allà on no es vulgui participar.

Amb aquest refrany retornem a la tradició pairal: l'era és l'esplanada empedrada o de sorra que hi ha davant de les masies on es feia la feina del batre per separar el gra de la palla. Aquest procés provocava una polseguera ben visible. Qui sap actualment què és una *era* o què vol dir *batre*? Però el proverbi continua ben viu, i és ben curiós que hagi estat el que ha rebut més vots entre els enquestats, amb diferència! Curiós perquè molts proverbis del nostre refranyer neixen en una societat no alfabetitzada, de caire marcadament rural, on la trasmissió de la cultura (ja siguin regles de comportament moral, previsions meteorològiques o coneixements sobre les tasques al camp) s'havia de fer a través d'aquestes peces orals, de rima fàcil per facilitar-ne el record i la pervivència.

> Els components de la Junta Organitzadora d'Alguna de les Festes del Canvi de Segle que s'havien constituït a Barcelona, contestaven a aquests falsos arguments dient que no és manera de posar com a exemple el que passava l'any u o l'any cent, on vas a parar, que la gent d'aquell temps era salvatge i mig pagana, sí o no?, i amb prou feines si devien saber comptar. Que el que realment valia era que mil vuit-cents, eh, tenia un *vuit* que era cosa nova i mai no vista en l'apel·lació dels anys. I que aquest canvi de nom de la centena indicava el canvi de segle. I **qui no vulgui pols que no vagi a l'era**, que vés a saber on serem l'any mil vuit-cents u, quines ganes de retardar els grans esdeveniments.
>
> JAUME CABRÉ, *Senyoria* (Barcelona: Proa, 1991)

Vots: 407 (33,78%)

Etimologia d'*era* — Del llatí *area*, 'pati, era de batre'. El mot *àrea* i els seus derivats també provenen d'aquesta arrel.

02 / 100

AL MAIG, CADA DIA UN RAIG

Els refranys meteorològics tenen una gran productivitat i tradició en català. Prou que s'han encarregat de difondre'ls i popularitzar-los els nostres homes i dones del temps! Som un país petit, però amb molta diversitat climàtica: alta muntanya al Pirineu, Costa Brava regada de tramuntana, Costa Daurada plàcida i assolellada, clima continental a ponent... Vivim, en certa manera, pendents del temps i dels seus capricis.

Les dites primaverals sobre l'abril i el maig fan referència a la generositat de les pluges d'aquest període. Així, quan diem que *Pel maig plou a raig*, ens estem referint a la freqüència de la pluja d'aquest mes. I quina manera millor d'expressar-ho que amb un refrany que abraci tots dos mesos? *Aigua de maig, de raig a raig; d'abril, de fil a fil*. En castellà diuen que *Llueva para mí abril y mayo y para ti todo el año*, en referència a com és de preuada la pluja d'aquests mesos: la més important de tot l'any.

Però és la mateixa pluja la del mes d'abril que la del mes de maig? Sembla que no. Joaquim Bartrina, expert en meteorologia, en un article que va aparèixer el 1881 a la revista *La Renaixensa*, «La meteorologia popular», diu que «Aquest refrany [*Aigua de maig, de raig a raig; d'abril, de fil a fil*] conté dos aforismes: l'un referent a l'abril, l'altre al maig. Indiquen que quan plou al primer d'aquests mesos, ho fa poquet, a gotes, que això vol dir 'fil a fil', rajolinet; mentre que el mes de maig aboca les aigües pel broc gros, a raig fet, a dolls. De totes maneres, *En abril, cada gota en val mil*». I ara ens podríem demanar: plovia igual al final del segle XIX que el que plou al començament del XXI? potser el canvi climàtic haurà de comportar alguns canvis en els refranys que fan referència al temps...

És un refrany d'ús estès i general en tot el territori, encara que ens ha arribat profusament documentat per informants de la zona del català central (Barcelona, Vallès) i del català nord-occidental (Segrià, Segarra i Urgell).

> —Ho tinc observat: som a la lluna nova de maig —que és la lluna creixent—, i aquests dies no sol ploure. Aquesta és la nostra primavera. El clima ajuda a la fecundació de les coses plantades a la terra. La collita es presenta molt bé, com feia anys que no s'havia vist.
>
> —Però llavors, ¿per què se sol dir que, **pel maig, cada dia un raig**?
>
> —Se sol dir perquè, a la gent, li agrada i recorda les paraules ritmades. Els refranys són, però, obra dels poetes, que són els qui fan ritmar les paraules. Pel maig, cada dia un raig... Pot ser més ben ritmat? Ara: creure que l'agricultura funciona a base de refranys és una pura absurditat.
>
> JOSEP PLA, *Notes del capvesprol* (Barcelona: Destino, 1979)

Vots: 317 (26,31%)

«Pel maig, cada dia un raig: els nostres avantpassats ens visiten» és un conte infantil de Margarida Aritzeta publicat el 1980.

Etimologia de *maig* — Del llatí *maius*, mateix significat, del nom Maia, una de les Plèiades, a la qual estava dedicada aquest mes; filla d'Atles i mare de Mercuri.

03 / 100

NO DIGUIS BLAT FINS QUE NO EL TINGUIS AL SAC I BEN LLIGAT

Sens dubte ens trobem davant d'un dels refranys més coneguts, sense diferències geogràfiques, de cap a cap de les terres on ens entenem dient-nos «Bon dia!». Així, al *Diccionari català-valencià-balear* el trobem documentat per informants del Principat de Catalunya, del País Valencià i les Illes, i l'estudi del *Top ten* confirma que és un refrany conegut arreu del territori de parla catalana, si bé ens ha arribat amb una infinitat de variants: *El blat al sac i ben lligat* (o *ben fermat*), o *El blat fins que no és al sac i ben lligat, no és blat*, o *Mai diguis acabat* (o *sac*) *fins que sigui* (o *si no és*) *al sac i ben lligat*.

El significat del proverbi és categòric i rotund: no es pot confiar en res que no sigui ben segur. Hi ha molts refranys i frases fetes que expressen aquesta cautela davant les coses que encara es mouen en el terreny difús de la incertesa, que no s'han esdevingut, com ara *No vendre la pell de l'ós abans d'haver-lo caçat*, o no fer com la lletera del conte, que comptava en què es gastaria els guanys de vendre la llet abans d'haver arribat a plaça o altres imatges recollides pels nostres clàssics per indicar que *No podem cantar victòria abans del triomf* (del llatí *Ante victoriam ne canas triumphum*).

La proposta més sintètica d'aquest proverbi la trobem en una versió menorquina excepcional: *No diguis blat, que no diguis sac*. És usual que els refranys, a banda de la rima i de les figures retòriques que els confereixen musicalitat, puguin estar dotats d'una o més clàusules. Sovint els segons versos del refrany ja no calen, perquè el concepte i el missatge han quedat condensats a la primera part. A més a més, els refranys cercaven la transmissió oral d'una saviesa i d'uns coneixements que eren imprescindibles per al dia a dia en les feines del camp, o per reconèixer fenòmens meteorològics repetitius o conductes i ensenyaments morals. La síntesi, la brevetat, eren garantia de pervivència. I que un proverbi hagi arribat en un format tan reduït és una mostra més de la seva popularitat.

I com expressen aquest missatge en altres llengües romàniques? En castellà tenim *No le llames trigo hasta que esté en el silo* o *No me llames seda que no me tengas en la rueda*, i també la metàfora taurina *Hasta el rabo, todo es toro*. En francès ho expressen en l'àmbit de la música: *Il ne faut pas chanter avant la fête* (la traducció podria ser 'No s'ha de cantar abans de la festa'). I en portuguès diuen que *Enquanto não acabes, não te gabes*, o sigui, 'Fins que no acabis, no t'alabis'.

En anglès, alguns refranys de sentit similar són *It ain't over 'til the fat lady sings*; *It ain't over 'til it's over*; *Don't count your chickens before they're hatched*.

Aquest refrany té diversos afegits. A casa del Josep Maria, de les Pallargues (Segarra), el completaven així: *No diguis blat que no sigui al sac i ben lligat, venut i cobrat*. Albert Torres i Marsal, de Sant Andreu de Palomar (Barcelona), diu que ha sentit dir-lo amb el colofó *...i vigila que no s'escapi per l'altre cap*. En aquesta mateixa línia previsora, Neus Sala, de Santa Maria d'Oló (Bages), diu que en algunes zones de la seva comarca s'hi afegeix *...i vegila que no sigui foradat*. Desconfiats de mena que som! I encara podríem trobar-hi més allargaments rimats, com ara *...i encara hi pot haver un forat*, o *...i que no tingui cap forat*, o *...i, a vegades, encara s'escapa*. Ramon Solsona, a «La paraula del dia», el seu espai dedicat a les paraules d'*El Món a RAC1*, recollia dels oients tot un seguit de repicons d'aquesta dita que l'allargaven gairebé fins a l'infinit. Passem doncs del sintètic *No diguis blat que no diguis sac* a hipotètics acabaments del refrany amb allargaments del tipus *...i que sigui de bon espart i a les golfes endreçat*.

Aquella amor que tenia
s'ha escapat
per un camí de flor blanca.
No digues tinc blat,
batedor
amador,
si no està nugat
dins la saca.

CARLES SALVADOR, «Cançó d'era», dins el recull *Vermell en to major* (1929), reproduït a *Antologia poètica* (València: Consell Valencià de Cultura, 1993)

La tira d'en Sísif, de Jordi Soler, que apareix diàriament a *El Punt Avui*, sovint fa servir frases fetes i refranys en els diàlegs dels seus personatges. Aquesta fou publicada el 17 de gener de 2005

Vots: 310 (25,73%)

No diguis blat... La memòria del món rural és un llibre i un documental d'Eduard Trepat i Deltell i Anna Vilaseca i Puigpelat, produït per la Fundació del Món Rural (2009).

Etimologia de *blat* — Probablement del cèltic *blato-*, 'farina' en les llengües britòniques, 'gra per a moldre' en el cèltic continental, del cèltic comú *mlato-*, 'mòlt, per a moldre'.

04 / 100

MARÇ, MARÇOT, MATA LA VELLA A LA VORA DEL FOC I LA JOVE SI POT

És un refrany de caire meteorològic inspirat en una antiga rondalla pirinenca, documentat bàsicament per informants del Principat de Catalunya.

Fa referència als canvis meteorològics que experimenta el final del mes de març, amb una bonança inusual i inesperada, que acostuma a venir seguida d'una altra tongada de mal temps, abans d'arribar a la primavera.

El 'marçot', com el 'marcell', 'marcer', 'marçal', 'marcedor', 'marçador' o 'marçàs', entre d'altres, són extensions demanades per la rima. Els refranys per ser recordats necessitaven jugar amb la rima i de vegades es forçava amb adjectius i derivats 'postissos' que només apareixen en aquestes parèmies i per l'obligació de la rima final.

Ho explica Valeri Serra i Boldú a *Folklore de la pagesia* (1918):

> Conten que una vegada, una velleta de Romadriu, poble que s'escau a sota del Santuari de Sant Joan de l'Erm, no cabia a la pell de contenta veient que érem a darrers de març i no s'havia mostrat aquest rigorós com altres vegades: no se li havia mort ni un sol cap de bestiar, i la dona, xiroia i alegre, descontenta del març d'altres vegades, amb els punys closos, ella que diu: «*Març, marcell: / no m'has mort cap vaca ni vedell, / truja ni porcell.*» El repte, si el va dir al sord, no el va dir al peresós; i ell que sí, el pare març, tot disgustat, se'n va i diu al seu germà: «*Abril, gentil: / deixa-me'n un, deixa-me'n dos, / i un que jo en tinc, faran tres, / que faran pernabatre aqueixa dona de pagès.*» Fillets de Déu! Tant va ésser demanar com obtenir; i heu's aquí que, allargat el març, comença el temps a posar-se rúfol, a fer vent, a emplujar-se, a caure l'aigua com aquell que la donen per amor de Déu. I quan, abonançat el temps, eixugats els camins, tothom s'arrisca a sortir de casa per contemplar la desfeta dels temporals, la gent de Romadriu veieren

com, en la casa d'aquella velleta, hi bateren tant i tant l'aigua i les ventades, que van caure les parets, agafant dins l'estada les persones i les bèsties. D'aleshores ençà, sempre que a primers d'abril es deixa sentir el fred, un es recorda dels dies manllevats pel març i de la venjança que aquest va prendre de la dona de Romadriu.

Hi ha diverses històries i rondalles sobre aquest fet, amb velles o pastors de protagonistes, i amb ovelles, ovellots, truges, anyells, anyellots, vaques, vedells, porcells, cabres, cabrits i, fins i tot, caragols, com a ramats patidors de les ires del mes de març. Són conegudes com la rondalla de la vella de Romadriu, els emmanllevats o la setmana de la vella. Totes són variants de la mateixa història.

Vet aquí que avui comencem un mes, al qual la dita popular li ha posat una de les fames més negres. El mes de març és el mes pocasolta per excel·lència, un mes perdulari, desconsiderat, fins criminal. **«Març, marçot, / tira la vella al sot / i la jove si pot»**, diu la dita popular. Se li diu *marçot* d'una manera despectiva; un hom el veu desmarxat i malcarat, amb els cabells a la bona de Déu, despentinats per les ventades, vestit amb quatre parracs, envellint joves i velles per «tirar-les al sot», que vol dir dur-les al cementiri. Mes de canvis de temperatura, de tossir, de patir i de suar.

JOSEP M. DE SAGARRA, «Març, marçot...» (*La Publicitat*, 1 de març de 1925), reproduït a *L'ànima de les coses* (Barcelona: Quaderns Crema, 2001)

Vots: 295 (24,45%)

Etimologia de *març* — Del llatí *martius*, derivat de *Mars, Martis*, antic déu romà de la guerra, a qui era consagrat el mes.

05 / 100

A LA TAULA I AL LLIT AL PRIMER CRIT

Es diu aquest refrany quan es pretén que algú acudeixi a la nostra crida de seguida, al primer avís. Estrictament, fa referència als avisos que els pares fan a la mainada perquè vagin a menjar (a taula) o a dormir (al llit) amb prestesa.

És un refrany molt estès i popular, documentat sobretot per informants del Principat de Catalunya i del País Valencià, que té moltíssimes variants i acabaments. Com ens acostuma a indicar un refrany del qual només ha perviscut la primera clàusula, la popularitat de la dita fa que, recitant només el primer vers, se sobreentenguin els possibles acabaments. Així, també trobem: *A la cuina i al llit al primer crit*, o *A la taula i al llit al primer crit; quan diguin a treballar, deixeu-los cridar!*

Hi ha una variant prou interessant, perquè inverteix els elements de la dita i, per tant, també n'inverteix la rima: *Al llit i a la taula, a la primera paraula*.

Amor i amor quan plou i quan fa sol,
amor quan és de dia o és de nit,
i a la taula i al llit, al primer crit
i l'oli socarrant-se en el cresol.

L'amor, que és una pena i un consol,
un desembre plujós i abril florit,
atrevit, enardit i decidit,
que tot ho té i ho dóna i tot ho vol.

Plou i plou en finíssimes agulles,
plou i plou en la brossa, en el terrat,
plou i plou en la roba i en les fulles…

D'amor de cap a peus vinc amarat,
d'amor i de furor quan et despulles
vora el llit on t'espere despullat.

VICENT ANDRÉS ESTELLÉS, «L'amant de tota la vida», II, dins *Obra completa* 7 (València: Tres i Quatre, 1982)

—Relaxa't i puja a l'autocar. Tu ja sabies que aquesta era una experiència intimista. Disfruta-la. Ja veuràs com demà tothom estarà pendent de tu. Rebràs més missatges i trucades en un dia que en un mes. T'ho dic jo, que sóc un esperit clarivident. I una cosa més per acabar...

Però em vaig quedar amb les ganes d'escoltar la seva última declaració. La guia de l'autocar em va picar l'espatlla amb cara de neguit. «Sisplau, no s'entretingui que marxem.» **A la taula i al llit, al primer crit.**

ALFRED PICÓ, *Sí, sí, sí. Hem guanyat a París* (Barcelona: Rosa dels Vents, 2007)

Vots: 295 (24,5%)

A l'armari i al llit al primer crit (1996) és una comèdia vodevil en dos actes del dramaturg Lluís Coquard (Barcelona, 1922-2009).

Etimologia de *crit* — De *cridar*, d'un llatí vulgar *critare* (clàssic *quiritare*), mateix significat, potser relacionat amb *Quiris, -itis*, 'quirite', d'on 'cridar auxili als ciutadans o quirites', que és el nom que rebien els antics ciutadans romans.

06 / 100

CEL ROGENT, PLUJA O VENT

És un refrany meteorològic dels que s'inscriuen en les prediccions que sempre ha intentat de fer l'home a partir dels signes del cel. En general, veiem que assenyala mal temps (per vent o per pluja) i és d'ús estès a tot el domini lingüístic, amb versions tan esplèndides com la rossellonesa *Broma roja, vent o pluja*, que rima per la pronúncia en *u* de les *o* àtones, com en *broma roja* (que sona 'bruma ruja' i naturalment rima a la perfecció amb 'pluja').

Aquesta dita ja la trobem al *Tirant lo Blanc* i després apareix sistemàticament a la majoria de refranyers i repertoris paremiològics des del segle XVII.

Habitualment aquesta dita és referida al cel. Però també la podem trobar amb referències al sol, a la lluna o a la posta: *Cel* (o *Sol* o *Lluna*) *rogent* (o *roent*, o *rogenc*), *pluja* (o *aigua*, o *sol*) *o vent*. I és que sembla que ens vulguem assegurar encertar la previsió, com quan diem: *Aigua cau, senyal de pluja*.

En castellà hi ha una versió paral·lela que fa *Aurora rubia, viento o lluvia*. Encara que generalment es refereixen als *arreboles*, que són, segons el *Diccionario* de la Real Academia Española, 'color rojo de las nubes iluminadas por los rayos del Sol'. Així trobem, entre d'altres, *Arreboles al anochecer, agua al amanecer*; *Arreboles de la mañana a la noche son agua, y arreboles de la noche por la mañana son soles* o bé *Arreboles por la tarde, o lluvia o aire*.

I és cel *rogent* o *rogenc*? Tot sembla apuntar que, per ultracorrecció i per qüestions de rima, apareix el rogent (amb *e* tancada) que rima amb el vent. De fet, es diu de les dues maneres apuntades. Tots dos mots són bons i volen dir més o menys el mateix, amb l'avantatge que *rogent* té la *e* tancada i per tant rima amb *vent*, mentre que *rogenc*, amb *e* oberta, vol dir 'que tira a roig' en general. Aquest refrany també presenta la variant *roent*, és a dir «calent fins a esdevenir lluminós», que també convé a aquest color del cel, entre moltes altres.

Una altra curiositat: a través d'un informant egarenc coneixem una antiparèmia d'aquest refrany. Això és, un refrany absolutament antitètic, de sentit contrari: *Cel rogent al vespre, l'endemà el sol a la finestra*. Aquesta versió, que encara ve a complicar més la tasca predictiva dels meteoròlegs, s'acosta més a la versió d'aquest proverbi en anglès: *Red sky in the morning, sailors take warning; red sky at night, sailors delight*, que podríem traduir per 'Cel rogent al matí, els mariners han d'anar alerta; cel rogent al vespre, delícia dels mariners'. Una variant n'és *Red sky at morn, sailors forlorn* ('Cel rogent al matí, mariners moixos').

> Però si la pluja curteja, el vent és abundós, sobretot el cerç, que ve del nord-oest i bufa i xiula a estropades, particularment durant els mesos de febrer i març. Una cerçada pot durar una setmana i encara més. És un vent indesitjable, que ho asseca tot i fa mal de cap. Solen anunciar-lo les postes de sol vermelloses o, tal com diu la gent: **«Cel rogenc, pluja o vent»**. Però la pluja falla gairebé sempre. Una altra dita assegura que «llampecs a la marina, cerç a la matina». Una que gairebé no falla mai, és la següent: «Llevant, l'aigua al davant». De vegades, l'aigua arriba de tronc amb la llevantada.
>
> ARTUR BLADÉ I DESUMVILA, «El clima, el menjar, la gent, el llenguatge», dins *Guia de Benissanet, Ribera d'Ebre* (Tarragona: Diputació Provincial, 1982)

Vots: 226 (18,8%)

«Cel rogent» és una coneguda sardana de Josep Aguiló (Tarragona, 1888 – Llagostera, 1958).

Etimologia de *rogent*, 'dit del cel vermellós' — Encreuament de *roig* i *roent*, que tenen el mateix origen etimològic: *roig* prové del llatí vulgar *ruiu*, clàssic *rubeus*, mateix significat, derivat de *ruber*, 'vermell'; *roent* ve de *rubens*, 'rogenc', participi present de *rubere*, 'tornar-se vermell'.

07 / 100

PER NADAL, CADA OVELLA AL SEU CORRAL

El refrany fa referència al retrobament familiar (el *corral*) característic de les dates nadalenques: temps de descans, de festa i de compartir. El dinar de Nadal constituïa l'àpat familiar per excel·lència, el que reunia a la taula paterna els fills absents (*cada ovella*). La metàfora funciona perfectament entre les parelles *corral/casa* i *ovella/persona*.

És un refrany del calendari recollit bàsicament al Principat de Catalunya, encara que conegut en altres indrets de parla catalana. Hi ha algunes variants formals i antigament la parèmia tenia dues clàusules, de les quals ha perviscut majoritàriament només la primera: *Per Nadal, cada ovella al seu corral; per Sant Esteve, cadascú a casa seva*. Aquesta dicotomia Nadal/Sant Esteve apareix en altres refranys del calendari, com per exemple en el cicle de l'allargament del dia, quan diu *Per Nadal, un pas de pardal; per Sant Esteve, un pas de llebre*. Una altra variant ben curiosa: *Per Nadal, cada perdiu al seu niu*. També s'aplica a les festes de Pasqua i la parèmia diu que *Per Pasqua i per Nadal, cada ovella al seu corral*. També en alguns llocs diuen *Per Nadal i per Cap d'Any, cadascú amb el seu company*, en referència a les celebracions més importants de les festes de Nadal.

Segur que hi ha un fum més de dites referides al Nadal, però potser no tan populars com aquesta. Apuntem-ne, però, alguna, que ja veureu que n'hi ha de referides al fred: *Bona casa i bona brasa, bona brasa i bon tió, i bon Nadal que Déu ens dó*, o *El fred cabal, un mes abans i un mes després de Nadal*, o *Fins el dia de Nadal no és hivern formal* a l'activitat desenfrenada de la cuina per preparar el gran àpat: *El forn, per Nadal, no para un instant*, o *És dia de Nadal, salsa, gallina o gall farcit, tant si és pobre com si és ric, per a aquell dia mai falta*, *La fornada de Nadal se n'emporta mig costal*. I el refranyer també destaca la nit de Nadal: *La nit de Nadal, la festa dels estels, i la festa major del cel* o *La nit de Nadal la més llarga* (o *la més estelada*, o *la més clara*) *de l'any*.

També n'hi ha força que relacionen Nadal amb Carnestoltes, la següent festa important del calendari. Acabades les festes de Nadal, cal comptar els dies que queden per a la següent festa: *De Nadal a Carnaval, set setmanes, tant se val* o *De Nadal a Carnestoltes, set setmanes desimboltes*.

> Expliquen que al Capcir diuen moltes coses diferents de la resta. La primera que esmenten és que aquí es diu *íu* i *tö*, i de Matamala en avall, *jo* i *tu*. Amb la *-ö-*, els capcinesos guanyen una vocal. Les dones comencen a referir peculiaritats. «Les trufes aquí són *tröfes*... i als Angles, *patanes*. I els gavatxs en diuen *patales*.» Jo em converteixo en un representant del món exterior al Capcir:
>
> —Vosatros diseu *una mica*, i nosatros *un poc*; vosatros *nascut* i nosatros *naixit*; vosatros *sucre* i nosaltros *söcre*...
>
> Llavors passen als refranys:
>
> —**Per Nadal cada feda al seu corral**. No ho dieu vosatros això?
>
> —La dita sí, pero *feda* no, és paraula gavatxa; diem *ovella*.
>
> EUGENI CASANOVA, *Viatge a les entranyes de la llengua. De la riquesa a l'agonia del català* (Lleida: Pagès, 2003)

Vots: 215 (17,8%)

Per Nadal, cada ovella al seu corral és un disc de nadales del grup Rovell d'Ou enregistrat el 1989.

Etimologia de *corral* — Probablement d'un llatí vulgar *currale*, derivat arcaic de *currus*, 'carro'; de 'lloc per als carros' es pogué passar fàcilment a 'lloc per a les cavalleries i altres animals'.

08 / 100

TAL FARÀS, TAL TROBARÀS

Aquest refrany significa que les males accions solen tenir el seu càstig, més tard o més d'hora. Té moltes variants formals: *Tal faràs* (o *diràs*), *tal cobraràs* (o *patiràs*, o *rebràs*), i també sembla que antigament la parèmia tenia dues clàusules: *Tal faràs, tal trobaràs i de Déu, no te'n riuràs.* O també: *Fill ets, pare seràs; tal faràs, tal trobaràs.*

El trobem, amb el mateix sentit, en algunes sentències clàssiques llatines, com ara: *Ut sementem feceris, ita metes* ('Tal sembraràs, tal colliràs'), de Marc Tul·li Ciceró (a *De oratore*) (106-43 aC). Sembla, doncs, clar l'origen llatí, reprès després als Evangelis, com veiem en aquesta citació del de Lluc: *Eadem, mensura, qua mensi fueritis, remetietur vobis* ('Amb la mesura amb què mesureu, sereu mesurats també vosaltres'); això explica que hagi arribat a la majoria de llengües romàniques amb el mateix format: en francès, *Qui ainsi fera, ainsi recevra*; en occità, *Qui mau farà, mau troubarà*; en castellà, *Hijo eres, padre serás, cual hicieres, tal habrás*, o en italià, *A chi mal fa, mal va*, entre altres.

Aquest significat de prevenció o de càstig per les males accions té molta recurrència en el refranyer. Se us acuden altres maneres d'expressar aquesta mateixa idea? Us n'apuntem algunes: *A cada porc li arriba el seu sant Martí* (que retrobarem en el lloc 83); *Conforme sembrareu, collireu*; *El que no vulguis per a tu, no ho vulguis per a ningú* o bé *Qui sembra vents, recull tempestats*, i en castellà els castissos *Donde las dan las toman* o *Quien mal anda mal acaba*.

Per tradició llatina, el podem emparentar amb un proverbi de sentit semblant, però relatiu a la collita: *Com sembraràs, colliràs*, que també trobem en moltes altres llengües: en castellà, *Como sembrares, cogerás*; en francès, *On récolte ce que l'on a semé*, o anglès, *As you sow, so shall you reap*. Vol dir que el fruit acostuma a respondre a la dedicació que hom ha posat a obtenir-lo.

L'estructura d'aquest refrany (*Tal..., tal...*), que demostra una economia expressiva i de síntesi que combrega molt amb l'objectiu dels refranys (curts, rimats i ritmats, perquè sigui fàcil de recordar-los), és força recurrent en català, encara que sembla tendir a desaparèixer. Ho trobem en altres refranys com ara *Tal antany, tal enguany*; *Tal dit, tal fet*; *Tal cul, tal braga*; *Tal divendres, tal diumenge*; *Tal la mare, tal la filla*, *Tal pare, tal fill*, etc., que trobem reproduïts també en altres llengües: en castellà, *De tal palo, tal astilla*; en francès, *Tel père, tel fils*, o en anglès, *Like father, like son*.

A la primera habitació únicament meva que recordo, quan vaig deixar de dormir amb l'àvia Teresa, hi havia una horrible rajola blanca amb un dimoni banyut dibuixat en negre i roig. Dins de la seva olla, perquè tenia una gran olla que feia xup xup, s'hi podia llegir «**Tal faràs, tal trobaràs**». La lletra gòtica amb què havien decidit adornar el consell moral gairebé impedia la seva lectura, però la meva taula de fer els deures estava encarada justament a la paret de l'olla. Em vaig educar davant d'aquesta rajola. Això m'ha marcat d'una manera definitiva. Si vaig curt de diners és que no treballo prou o que gasto massa, si m'engreixo és perquè no em cuido, si no tinc una vida sexual prou agitada és que no m'esforço prou a aconseguir-la, si em poso malalt és perquè he comès algun excés, si em fa mal el coll és que fumo massa. Tot sempre a les meves mans.

MÀRIUS SERRA, *Mon oncle* (Barcelona: Proa, 1996)

Hi havia una vegada, el lema de l'autònom era «**tal faràs, tal cobraràs**». Actualment, ni això. Tal faràs, i, si cobres, ho faràs a noranta dies, a cent vint, a un any, o vés a saber. I encara gràcies, que no està el forn per a magdalenes.

MARTA ROJALS, «Els hòmens invisibles» (*VilaWeb*, 9 d'octubre de 2011)

Vots: 204 (16,9%)

Tal farás tal trobarás: drama en tres actes y en vers és una obra teatral d'Eduard Vidal i de Valenciano (Vilafranca del Penedès, 1838 – Barcelona, 1899), «estrenada ab gran éxit en lo Teatro Principal, lo dia 4 d'abril de 1865».

Etimologia de *trobar*, originalment 'terme utilitzat pels trobadors per a designar l'art de fer composicions artístiques cultes amb lletra i música' — Probablement del llatí vulgar *tropare*, variant reduïda del llatí tardà *contropare*, 'parlar figuradament, comparar', derivat de *tropus*, i aquest, del grec τρόπος, 'figura retòrica'; de 'crear, inventar formes poètiques' es passà a 'inventar, descobrir, trobar' en general.

09 / 100

QUI DIA PASSA, ANY EMPENY

Aquesta parèmia té més d'un significat estricte. Tant serveix per indicar que ens desentenem de les dificultats de cada dia, d'una situació desagradable, de conseqüències que ens poden afectar, però que es van ajornant, com pot voler dir que resolent les dificultats de cada dia, s'arriben a resoldre les de tot l'any. També pot al·ludir al desig natural que tots tenim d'allargar la vida. És un refrany molt popular i d'ús estès majoritàriament en l'àmbit oriental del territori (català central i les Illes).

També podem sentir *Dia que passa, any que empeny*, o *Qui dies passa, anys empeny*, en plural. En castellà trobem els equivalents *Mañana será otro día*, *Quien pasa punto pasa mucho*, *Después de un día* (o *año*) *viene otro* o *El que pasa un día, del año tira*. Són refranys equivalents, però ja veiem que no parteixen ben bé de la mateixa imatge

Ninot de L'Avi publicat a *El Punt* el 27 de febrer de 2007

> En vida, jo havia sentit el rebuig dels altres, però la indiferència que em dispensaven era suportable. I si, per un error de càlcul, em feien notar d'una manera massa barroera que no comptaven amb mi, jo em limitava a fer el cor fort i els ulls grossos i a refugiar-me en la resignació lacònica dels refranys: tal dia farà un any; **qui dia passa, any empeny**.
>
> SERGI PÀMIES, «L'altra vida», dins *Si menges una llimona sense fer ganyotes* (Barcelona: Quaderns Crema, 2006)

Vots: 194 (16,1%)

Etimologia de *passar* — Del llatí vulgar *passare*, mateix significat, derivat de *passus*, 'pas'.

Ninot de Manel Fontdevila publicat a *Regió 7* (Manresa), 15 d'octubre de 2006

10 / 100

A L'ESTIU TOTA CUCA VIU

Com l'anterior, *Qui dia passa, any empeny*, ens recorda l'anar fent la viu-viu, com qui no vol la cosa. Aquesta parèmia, ben vinculada al cicle anual, fa referència a la facilitat amb què tot es desenvolupa durant l'estiu: tots (bèsties, plantes i persones) tenen més fàcil conservar la salut i proveir-se d'aliment. També el trobem més «personalitzat»: *A l'estiu, tothom* (o *tot el món*) *viu*. I, com en altres casos, també trobem una dita de dues clàusules, més llarga, que dóna idea de la popularitat de la parèmia, escurçada i sintetitzada: *A l'estiu tota cuca viu; a l'hivern, perd son govern*.

En castellà trobem equivalents pel sentit, però no de font idèntica, com per exemple *Cuando hay en los campos, hay para todos los santos* o *En verano cada rana lava su paño*.

DON JOAQUIM: Apa, cuita, que t'estic molt agraït, Felipa. Havies fet molt! Molt, havies fet!

FELIPA: I crec que vaig fent.

DON JOAQUIM: Em consta que l'estimaves! També l'havies vist néixer!

FELIPA: Jo, no, senyor.

DON JOAQUIM: No hi fa res. Tens anys per haver-ho pogut veure. Tothom, tothom l'ha vist néixer menos jo. Sóc molt desgraciat! I ja no en veuré néixer cap més, de dona!

FELIPA: Vagi a saber! Vostè es refarà, don Joaquim. **A l'estiu tota cuca viu**.

DON JOAQUIM: Ni som a l'estiu, ni sóc cap cuca; però gràcies, Felipa, també t'ho agraeixo! Però apa, vés a la cuina i que no es cremi res, Felipa. I si es crema, que es cremi. Tant me fa. Que es cremi tot d'una vegada!

SANTIAGO RUSIÑOL, *El pobre viudo. Farsa en tres actes* (1916)

Comencem a suar i les àvies tornen a dir que, **a l'estiu, tota cuca viu**. Encara que hi ha cuques i cuques. Respirem perquè s'han acabat els mesos caníbals. Se n'ha anat el pobre març, tan bescantat, que mata la vella i la jove, si pot. Ens passem l'hivern tot esperant l'estiu i, a l'estiu, ens sentim infeliços, una mica farts de vagarejar perquè sí.

MONTSERRAT ROIG, «Una estació ben tòpica» (*Avui*, 16 de juny de 1991)

Vots: 187 (15,5%)

A l'estiu tota cuca viu és una breu «comèdia en un acte de costums estiuenques» de Josep Asmarats, estrenada a Barcelona el 1915.

Etimologia de *cuca* — De *cuc*, mot d'origen expressiu.

11 / 100

DE PORC I DE SENYOR SE N'HA DE VENIR DE MENA

Hem de creure en la predestinació o en la influència de l'educació rebuda? Amb aquest refrany se'ns vol dir, generalment, que dels nascuts o criats en un ambient de vulgaritat, no se'n pot esperar gaire grandesa ni educació (i a la inversa). En castellà diuen *El cochino y el señor, de casta han de ser los dos* o *De casta le viene al galgo*. Relaciona, doncs, les maneres d'una persona amb l'educació rebuda, amb l'entorn familiar viscut. Per això diu *se n'ha de venir de mena* (o *de casta*). El que es mama dins la família a una curta edat, acompanya la manera de ser d'una persona tota la vida.

Hi ha moltes maneres d'expressar la «bona mena» d'una persona: la fusta, la casta. En aquest cas, el refrany recorre a la comparació amb el porc, animal que ha sofert totes les invectives i llegendes negres, malgrat la seva resistència i el profit que n'obtenim, però veient-ne només la immundícia que a pagès solia presidir les corts de porc. Perquè com recull Sebastià Farnés (1913), *El porc ja és porc de mena*.

Regirant el refranyer, en trobem un altre, *Què sap el gat de fer culleres*, que ens ve a dir potser una cosa semblant: no podem esperar allò que no és propi de l'origen. Com ens demostren aquest parell d'exemples, el refranyer, la saviesa popular, és una font que sempre raja i les seves aigües conflueixen gairebé sempre.

Per això, reprenent aquest sentit pejoratiu i negatiu, hi ha un altre refrany català que diu que *De sastre i de sabater, se n'ha de venir de mena*. Dues professions prou mal considerades pel refranyer pel seu mal quefer o per les males arts per enredar els clients.

I no s'hi veu gaire possibilitats d'esmenar aquesta situació: *El que és de mena, mai s'esmena*.

El cert és, i Graves ho sap, que l'apel·latiu *xueta* està relacionat amb *juetó*, descartada doncs l'etimologia *xueta-xuia*, del llatí *suilla*, teòricament molt culta, però molt vulgar a la pràctica. Els nobles, aquí, eren anomenats *botifarres*, que ve de *botifler* i no té relació amb el producte de les matances. Aquesta relació popular de *xueta* i *botifarra* amb el porc sembla connectada amb la importància que aquest animal revestia en una economia com la mallorquina, en què l'embotit era pràcticament un aliment base i es considerava que «**de porc i de senyor, se n'ha de venir de casta**».

P. DE MONTANER, introducció a *La branca morta de l'arbre d'Israel*, de Robert Graves (Palma: Arxipèlag, 1986)

De porc i de senyor se n'ha de venir de mena. És el que em va passar pel cap l'altre dia quan, tornant cap a casa, em vaig topar amb una noia que passejava un porc senglar pel carrer. Sí senyor, tal com ho llegeixen: un porc senglar de debò, dels que li agradava a l'Obèlix menjar-se rostits, passejant pel carrer lligat amb una corretja com si es tractés d'un gosset de llanes.

SEBASTIÀ ALZAMORA, «De porc i de senyor...» (*Benzina*, núm. 11, gener 2007)

Vots: 137 (11,37%)

De porc i de senyor: memòries d'un senglar del Vallès és una novel·la d'Albert Vicens i Llauradó (2007).

Etimologia de *senyor* — Del llatí *senior, -oris*, comparatiu de *senex*, 'ancià', que s'anà substantivant per a designar els ancians de la comunitat, del senat, els superiors, fins a suplantar *dominus*, 'amo, senyor'.

12 / 100

PER SANTA LLÚCIA, UN PAS DE PUÇA; PER NADAL, UN PAS DE PARDAL; PER SANT ESTEVE, UN PAS DE LLEBRE

Tornem al calendari, que, entre els participants en el *Top ten*, tant com en la cultura tradicional, té i ha tingut sempre un paper decisiu. Aquest refrany s'inscriu en el cicle de l'allargament del dia. Els estudiosos el relacionen amb Santa Llúcia (13 de desembre), ja que per aquestes dates podem començar a observar que el dia creix.

El refranyer, que no cerca veritats absolutes ni científiques irrefutables, ho arrodoneix dient que la nit de Sant Joan és la més llarga i el dia de Nadal el més curt. I per expressar aquest allargament del dia gairebé imperceptible, fa referència a salts de diversos animalons que en puguin deixar constància: *Per Santa Llúcia, un salt de puça; Per Nadal, un pas de pardal; Per Sant Esteve, un pas de llebre; Per Ninou, un pas de bou*, etc.

Tots aquests refranys van recollits en una cantarella que, depenent dels indrets i llocs on es recorda o recull, s'allarguen o escurcen amb més o menys elements. Tant és així que cada un dels seus membres ha arribat a funcionar com un refrany independent dels altres.

I ara ens demanem: com pot ser que per Santa Llúcia, que s'escau el 13 de desembre, el refranyer comenci a creure que el dia s'allarga, si encara no hem arribat al solstici d'hivern?

Ja hem dit en diverses ocasions que el refranyer és «elàstic», una mica mentider, i que es fa venir les coses al seu terreny com li interessa i quan li convé. Però en aquest cas no és així i hi podem trobar un parell d'explicacions plausibles.

Una ens ajuda a acotar l'antiguitat del refrany, anterior a la reforma gregoriana del calendari, el 1478. Ens ho explica Joan Amades. Mentre va ser vigent el calendari julià, el calendari meteorològic es va anar desfasant respecte del calendari astrològic. Amb la reforma de finals del segle XV i l'adopció del calendari gregorià (el que seguim actualment, per entendre'ns), es va resoldre aquest desfasament traient d'una tacada deu dies del calendari. Fins aleshores, el 13 de desembre no corresponia a la data meteorològica corresponent, sinó que calia sumar-hi els deu dies de desfasament que arrossegava i corresponia al 23 de desembre, quan realment, passat el solstici d'hivern, el dia es començava a allargar.

Una altra explicació possible és que, encara que quan es comença a fer clar encara no és més d'hora (el sol va sortint cada dia una mica més tard fins a la segona setmana de gener, i a partir d'aquí matina cada dia una miqueta més), sí que comença a haver-hi més hores de sol, perquè el sol es pon més tard i per tant hi ha un lleu increment de l'estona diürna.

«Per Santa Llúcia, un pas de puça», **«Per Nadal, un pas de pardal»**, **«Per Sant Esteve, un pas de llebre»** i **«Per Any Nou, un pas de bou»**. Aquestes dites populars defineixen molt bé com a partir de mitjan desembre les tardes guanyen minuts de sol. Molta gent està convençuda que el dia 21 de desembre és quan el sol es pon més d'hora, però no és cert. A partir d'aquest dissabte, les tardes ja seran una mica més llargues.

XAVI FREIXES, «Tardes més llargues» (*Avui*, 13 de desembre de 2007)

Vots: 135 (11,20%)

Per Nadal, pas de pardal és un disc de nadales catalanes de Rah-mon Roma (1995).

Etimologia de *puça* — Del llatí *pulex*, *-icis*, mateix significat, a través del català antic plural *pulces*, d'on el singular antic *pulça* i després *puça*.

13 / 100

QUAN LA CANDELERA PLORA, L'HIVERN ÉS FORA; QUAN LA CANDELERA RIU, L'HIVERN ÉS VIU; TANT SI PLORA COM SI RIU, L'HIVERN ÉS VIU

La Mare de Déu de la Candelera (o de la Candelària) s'escau el 2 de febrer. Som en ple hivern i a pagès cercaven algun indici de canvi de temps o de millora, com tants altres procediments rudimentaris i poc científics que ens han arribat, oracles de l'observació de la natura.

La personificació de la Candelera és clara amb aquest riure o plorar que vol dir que aquell dia plou o fa sol, senzillament. Sense mullar-se gaire (i mai més ben dit), la majoria de refranys semblen voler predir que quan plou això anuncia que ja no farà tant fred, mentre que si fa bo, el fred encara persistirà.

No cal ser meteoròleg per saber que el cel tapat de pluja fa que les temperatures no baixin tant (quan plou no tenim tant fred), mentre que els dies radiants, clars i sense núvols d'hivern acostumen a ser molt més freds, malgrat la presència del sol.

Hi ha moltes variants d'aquest refrany, amb més o menys precisió en els diagnòstics (*De la Candelera, quinze dies davant, quinze dies darrere, no et fiïs d'ella; Quan la Candelera no plora, l'hivern no és ni dintre ni fora*), però tots juguen amb l'engany de predir que passi el que passi continuarà fent fred i l'hivern serà viu: *La Candelera la neu espera; si ja ha nevat, l'hivern ha passat; si no ha nevat, ja nevarà*. En castellà semblen anar més cap a l'opció que la pluja de febrer indica que ja no farà més fred: *Lluvia de febrero, despido de invierno*.

En aquest cas, els antics homes del temps volien curar-se en salut i feien un sil·logisme infal·lible: faci el temps que faci, continuarà fent fred. Si en la previsió del temps tot és relatiu, la cantarella del refrany és rodona, i això és el que deu haver fer sobreviure aquesta sentència antiga.

N'hi ha algunes variants interessants com *Candelera clara, fred hi ha* (o *farà*) *encara*, que fa referència a la claror de la lluna per presagiar més fred o canvi de temps, que a Mallorca rematen amb *Candelera espessa, fred per sa cabeça* (o *tapa't*, o *guarda't sa cabeça*).

També diu el refranyer que el mal temps l'indica el vent i no pas la pluja o el fred. Per això una altra variant diu que *Si la Candelera plora, l'hivern és fora; però si fa vent, tres mesos més d'hivern*.

Podem concloure, doncs, com diu un altre savi refrany: *Candelera, fred davant i fred darrere*. O seguint amb enigmes indesxifrables: *La Candelera, el dia dos de febrer, endevina quin dia i mes és*.

Encara que sempre trobem algun agosarat optimista que, a les envistes del març, aposta per un canvi de temps imminent: *Quan la Candelera plora, el fred és fora; quan la Candelera riu, el fred és viu; però tant si riu com si plora mig hivern fora*. I realment ja hem passat més de mig hivern! Encara que tampoc no cal ser tan exagerats per dir que *Quan la Candelera riu, ja ve l'estiu*. El que sembla clar és que el pas del temps és inexorable i, passi el que passi, acabarà arribant l'estiu, com cada any.

Tira d'en Sísif, de Jordi Soler, publicada a *El Punt Avui* el 3 de febrer de 2012

> En l'última dècada el caganer ha patit un procés de secularització indiscutible. D'una banda, és l'única figura del pessebre que no necessita la resta de la colla, camells, bou i ase inclosos, per tenir una raó de ser. Molts catalans el compren per separat per decorar o adornar les festes de Nadal, o fins i tot el mantenen en algun prestatge fora de temporada, és a dir, abans de l'advent i després de **la Candelera, tant si plora com si riu, tant si el fred és fora o encara és viu**. El caganer s'ha fet un lloc per ell mateix en l'imaginari col·lectiu.
>
> CARLES RIBERA, «Amb la tradició a l'aire» (*Presència*, 19 de novembre de 2010)

Vots: 131 (10,87%)

Etimologia de *Candelera*, 'nom popular de la festa de la Presentació del Senyor, en què hi ha la benedicció de les candeles i la processó' — De *candeler*, 'persona que fa ciris, candeles, o que en ven', de *candela*, del llatí *candela*, mateix significat, forma culta, per influx sobretot eclesiàstic, dominant sobre la popular, antiga i dialectal, *canela*.

14 / 100

HOSTES VINGUEREN QUE DE CASA ENS TRAGUEREN

Aquest és un refrany de gran difusió i coneixement popular i, d'altra banda, sempre hi veiem una viva actualitat. Per això ens ha arribat amb infinitat de variants formals, com ara *De fora vingueren que de casa ens tragueren*, *Forasters* (o *Hostes*) *vindran que de casa ens trauran* i, encara, a Menorca, *Unes hostes treuen ses altres*. Aquesta popularitat i actualitat també es veu confirmada pel fet que actua com una frase feta que podem trobar conjugada en molt diversos temps verbals. Fa referència a la pèrdua de drets o beneficis que té algú per l'arribada de forasters. Aquesta actitud s'ha utilitzat de manera barroera i desencertada per criticar l'arribada de nouvinguts i ha esdevingut bandera de la xenofòbia més matussera i populista. En castellà hi ha el mateix referent: *De fuera vendrá quien de casa nos echará* o *Huéspedes vendrán y de nuestra casa nos echarán*, com també en portuguès: *De fora virá quem de casa nos deitará*. Però també trobem expressions sinònimes amb un imaginari ben diferent: *Mete el gallo en tu muladar y saldrá heredero*, que sembla una font semblant a la que té el francès: *Accueille chez toi le déshérité, il deviendra ton héritier* ('Acull a casa teva el desheretat, que esdevindrà el teu hereu').

En un sentit menys marcat i molt més general es fa servir per indicar que algú, per la seva bondat, és perjudicat per algú altre que se n'aprofita.

Ja ens avisa el refranyer que *Hostes i peix, als tres dies puden*, proverbi antic que ja llegim al *Curial e Güelfa*. I quines solucions aporta? *Uns hostes en treuen uns altres* o *Els hostes donen alegria quan vénen i quan se'n van*. I encara ens adverteix que *Casa arreglada i taula parada, hostes aguarda*. No és això un cant a la provisionalitat i la deixadesa si no volem veure la casa convertida en una fonda?

> Fa uns quants mesos, anava a l'autobús que va dels meus barris a la plaça d'Espanya. No sé per què, si per les empentes o per les reclamacions que en sorgien, vaig sentir que un obrer català de la ciutat deia a una gitana la cèlebre frase que gairebé ja havíem oblidat de tan poc com l'havíem sentida darrerament: «Heu vingut a menjar-vos el pa...», etcètera. Ah renoi, com es va posar la gitana! De primer li va dir que era tan catalana com ell o més, i per demostrar-li que ho era es va posar a parlar-li en català, en mal català, un català d'emergència, però català, al capdavall. I després l'insultà. Li va dir que per guapos els murcians i no els catalans, que es fixés en tots els qui anaven a l'autobús, perquè la majoria ho eren. La gent, rient i fent barrila, donaven la raó a la gitana, i això encara l'engrescava més. [...] L'home, tot escorregut, va haver de baixar a la primera parada, però des de terra encara va cridar: «**Hostes vingueren que de casa ens tragueren!**» L'autobús en ple el va esbroncar, i amb ell tots els catalans, que si eren així, que si eren axà.
>
> FRANCESC CANDEL, *Els altres catalans* (1964)

Vots: 131 (10,87%)

Hostes vingueren... és un assaig de Joan Vallès i Pujals (Terrassa, 1881 – Barcelona, 1966) publicat el 1929. I *Hostes vindran...*, una obra teatral costumista del dramaturg Joaquim Balader (València, 1828-1893).

Ninot de Joan Antoni Poch (JAP) publicat a *El Punt* el 23 d'agost de 2004

Etimologia d'*hoste* — Del llatí *hospes, hospitis,* 'el qui dóna acolliment; amfitrió', mot compost d'*hostis*, nom indoeuropeu de l'hoste o allotjat (després 'estranger' i, des d'aquí, 'enemic'), i *potis*, 'amo' (més tard 'poderós'): 'l'amo d'un hoste, el qui el rep a casa seva'; ulteriorment, i a conseqüencia del costum antic de la reciprocitat hospitalària, el mot prengué, de més a més, el sentit d''hostatjat'.

15 / 100

DE MICA EN MICA S'OMPLE LA PICA

Aquesta expressió, esdevinguda proverbial a partir d'un adverbi de manera (*a poc a poc*), recorda l'eficàcia de la persistència. La seva popularitat fa que molta gent només en recordi la primera part (*De mica en mica...*) o que, en pro d'una comunicació més ràpida i fluida, n'hi hagi prou amb la primera part del refrany per entendre el missatge comunicatiu i alliçonador que hi ha al darrere. De fet, com hem anat veient tot sovint, ja es tracta d'una dita que ens ha arribat escapçada. Originàriament era *De mica en mica s'omple la pica, i de gota en gota s'omple la bóta*. Variants? Tantes com en vulgueu: *De mica en mica s'omple la pipa*, només sentida a Sentmenat; *De mica en mica, hom arriba a Roma*; i amb referents ben diversos, com ara, *Moltes candeletes fan un ciri pasqual*, *De les gotes s'ajusten els rius*, *Si vols tenir molt, guarda el poc*, *Moltes miques fan un tros*, *A poc a poc, anirem lluny* o bé *Tota pedra fa paret*, que trobarem més endavant al lloc 74. Com veieu, sempre apuntant la idea que tot demana el seu temps i les coses, amb gradualitat i persistència, s'arriben a assolir.

En castellà tenim alguns equivalents idèntics, com ara *Pasito a pasito*, *Grano a grano hincha la gallina el papo*, *Gota a gota se llena la bota* o *Muchos pocos hacen un mucho*, que relacionen aquest refrany amb el que trobareu en la posició 68: *A poc a poc i bona lletra*.

Hi ha moltes expressions per indicar que tot necessita el seu temps o que les coses s'aconsegueixen amb perseverança i constància. També és una recomanació per a l'estalvi: *De gota en gota s'omple la bóta; de sou en sou es compra un bou*. En castellà diuen *Gota a gota se llena la bota*, en francès *Goutte à goutte on emplit la cuve* i, amb altres imatges, en castellà diuen que *Poco a poco hila la vieja el copo*; en francès, *Grain à grain, la poule emplit son ventre*, i, en anglès, *Grain by grain the hen fills her belly* ('Gra a gra, la gallina omple el pap') i encara, *Little strokes fell great oaks*;

By little and little the bird makes his nest o *By little and little the wolf eats up the goose* (o *sheep*), com dèiem, tots amb el sentit de recomanar paciència i perseverança.

En l'àmbit de la paremiologia sàvia, aquella de la qual en sabem l'autor, hi ha una frase atribuïda a molts diversos autors (l'emperador August, Napoleó, Felip II d'Espanya, Carles III o Ferran VII, entre d'altres), que ens acosta a l'àmbit d'aquest refrany i que diu: *Vesteix-me a poc a poc que tinc pressa*, amb el sentit que val més fer les coses a poc a poc i ben fetes que no pas de pressa i malament.

Josep Espasa havia nascut a la Pobla de Cérvoles, a la comarca de les Garrigues, i va arribar a Barcelona sense res, amb les mans a la butxaca. Va treballar com a peó en l'enderrocament de les muralles de la ciutat i a divuit anys es guanyava la vida fent de repartidor d'obres que els editors publicaven en fascicles. Acostumava a dir que coneixia totes les escales de Barcelona, perquè les havia pujat i baixat moltes vegades. El 1860 s'establí pel seu compte com a editor, amb el suport dels seus germans, Ramon, Pau i Magdalena. **De mica en mica s'omple la pica**; a poc a poc anaren creant una editorial amb cara i ulls. Entre altres obres editaren el *Diccionari* —en fascicles i dos volums— i la *Gramàtica de la llengua catalana*. I el 1875 les *Poesies catalanes* de Frederic Soler, «Pitarra».

FRANCESC CABANA, *Por i diners (1906-1923)* (Barcelona, 2009)

La màxima «Qui guarda, troba» enclou, a més a més, el principi de l'estalvi, de la mateixa manera que l'enclouen, també, aquells altres preceptes populars que fan: «De gota en gota s'omple la bóta» i «**De mica en mica s'omple la pica**». I és que estalviar vol dir conservar, en virtut d'una idea preconcebuda, d'un càlcul previ, un objecte —o la part d'un objecte— que tingui valor en ús...

PERE MAS I PERERA, «L'esca de la riquesa», dins *El pensament econòmic català, 1900-1970*, edició de Francesc Roca (Barcelona: Publicacions de la UB, 1994)

Tira d'en Sísif, de Jordi Soler, publicada a *El Punt Avui* el 3 de maig de 2012

Vots: 131 (10,87%)

De mica en mica s'omple la pica és una coneguda novel·la negra de Jaume Fuster (1972). El 1983 se'n va fer una versió cinematogràfica escrita i dirigida per Carles Benpar.

Etimologia d'*omplir* — Del llatí *implere*, mateix significat, derivat de l'inusitat *plere*, que es dóna només en molts derivats, amb influx de la labialització de *-mp-* i segurament també del verb afí *complere*, 'omplir del tot'.

16 / 100

AL POT PETIT HI HA LA BONA CONFITURA

En aquest cas ens trobem davant d'una expressió polisèmica, amb diversos sentits possibles i que, a més a més, cadascú explica segons li convé. Per exemple, si es riuen d'algú perquè és petitó i ben poqueta cosa, de seguida es defensarà amb aquesta dita. També podria contraatacar amb aquella dita coneguda que fa *Com més alts, més animals*, o encara amb alguna altra, com ara, *Val més petit i ardit que gran i ase*, una expressió amb què lloem la intel·ligència o altres qualitats d'una persona de poca còrpora.

En un sentit més recte, però, i sense personalitzar-ho necessàriament, podem fer servir aquest refrany per indicar que es valora més la qualitat que no pas la quantitat. I fent-ne abstracció i acostant-nos al camí de la filosofia, tampoc ens ha d'estranyar haver sentit dir algun cop que *La brevetat és l'ànima de la intel·ligència*. Per això quan sentim dir que algú o alguna cosa *és el pot de la confitura*, ens estem referint al fet que és el punt essencial d'una qüestió.

En castellà diuen *El perfume en tarro pequeño se vende* o *Pomo pequeño, lleno de aroma* o, fins i tot, *La pimienta es chica, pero pica*. I ho podem trobar en altres llengües romàniques, com ara en francès: *Dans les petites boîtes, les bons onguents* ('En les capses petites, els bons ungüents') o *Dans les petits sacs sont les bonnes épices* ('En els sacs petits hi ha les bones espècies'), o en italià: *Nelle botti piccine ci sta il vino buono* ('En les bótes petites hi ha el bon vi') o portuguès: *Os melhores perfumes estão nos pequenos frascos* ('Els millors perfums són als flascons petits'). I en anglès: *Good things come in small packages* ('Les coses bones vénen en paquets petits').

Esmolant l'enginy, davant qui diu *Al pot petit hi ha la bona confitura*, hi ha qui etziba aquesta frase irònica de resposta: *Al pot petit hi ha el que ha sobrat del gros*. I anant més enllà, i jugant a actualitzar els refranys amb referents més moderns, algú ha dit algun cop que *A l'espot petit hi ha la bona confitura*, suposem que fart dels talls publicitaris amb què ens regalen les cadenes televisives o lloant-ne la concisió del missatge, perquè ja se sap que un segon publicitari en televisió té un cost exagerat.

> Després de l'aparador, va aprendre d'arreglar els prestatges: un lletreret a cada un amb el seu número i el seu baptisme, el passaport i la cèdula, i per fi, i després dels prestatges, el tracte: el tracte que havia de tenir amb les dones de la parròquia; una dotzena de frases que, encara que fossin sempre iguals, mai deixaven de fer efecte. A l'una un «Déu vos guard» amb somrís; a l'altra, una paraula, però ben dita; a les grosses un «vostè s'ha amagrit»; a les baixes, allò de «**en els pots xics hi ha la bona confitura**»; a les viudes un «què s'hi farà», i a totes un ditxo escaient per veure de fer-les badar i aprofitar el badament per donar un pam menos de gènero.
>
> SANTIAGO RUSIÑOL, *L'auca del senyor Esteve* (1907)

Vots: 123 (10,21%)

«El pot petit» és el nom d'una col·lecció de la Fundació Folch i Torres dedicada a publicar textos breus dels germans Folch i Torres (narracions curtes, articles, poemes, seleccions de les «Pàgines viscudes», etc.). *Lo pot petit* (1901) també és un llibre de poesia de Joan Martí i Trenchs (Sant Vicenç dels Horts, Baix Llobregat, 1844-1920).

Etimologia de *pot* — D'origen incert, potser d'un llatí vulgar d'estructura expressiva *pottus*, de procedència incerta, o bé d'un *pottus* 'mena de recipient', preromà, indoeuropeu, pregermànic i precèltic.

17 / 100

SI VOLS ESTAR BEN SERVIT, FES-TE TU MATEIX EL LLIT

Cadascú es coneix els gustos, les dèries o com vol les coses. Per això diem que *Cadascú sap on li estreny la sabata*. El proverbi aconsella atendre personalment les coses que ens interessen especialment. Millor no esperar que algú altre faci allò que creiem que és important i necessari. Cal posar-s'hi!

En castellà ho diuen d'una manera semblant: *Si quieres estar bien servido, sírvete a ti mismo*, o també *¿Quieres tener buen criado? Sírvete por tu mano*. I encara *Según se hace la cama, así se acuesta*. Com en portuguès, que diuen: *Se queres ser bem servido, serve-te a ti mesmo*. En francès diuen *On n'est jamais si bien servi que par soi-même* ('Mai s'està tan ben servit com per un mateix') o *Jamais par le bras d'autrui, / Grands États n'ont été conquis* ('Mai pel braç d'altres, grans estats han estat conquerits'). En italià diuen que *Chi fa da sé, fa per tre* ('Qui fa per si mateix, fa per tres') o *Chi vuol presto e bene faccia per sé* ('Qui vol ràpid i bé, faci per ell mateix'). I en anglès: *If you want a thing done well, do it yourself* ('Si vols fer una cosa bé, fes-la tu mateix').

Antoni Llull Martí, a *Reflexions sobre la saviesa dels proverbis* (1994), en consigna una variant recollida a Menorca: *Si ho saps fer posa-hi ses mans, i no et fiïs de manyans*.

> Si no hi pensa dormir, ningú no et prepara el llit amb l'amor amb què te'l prepares tu. Ningú no deixa la gira a la mida que tu prefereixes, ningú no s'assegura que els trossos del llençol de dalt i de la manta que queden sota el matalàs siguin prou llargs perquè, amb els tombs i més tombs que fas al llarg de la nit, no saltin i et quedis amb els peus a l'aire. Però que no siguin capaços ni de posar primer un

llençol i després l'altre ... És com si ho fessin a posta. Hi ha un refrany que sembla fet exprés per la situació: «**Si vols estar ben servit, fes-te tu mateix el llit**».

QUIM MONZÓ, «A l'hotel», dins *Esplendor i glòria de la Internacional Papanates* (Barcelona: Quaderns Crema, 2010)

Vots: 105 (8,71%)

Etimologia de *servir* — Del llatí *servire*, mateix significat, derivat de *servus*, 'esclau, servent'.

18 / 100

PEL JUNY, LA FALÇ AL PUNY

És una dita prou plàstica, a la qual no cal gaire explicació. Aquest era el sentit dels antics proverbis: ser recordats per persones que no sabien de llegir. Per això havien de tenir musicalitat i jugar amb la rima per facilitar que fossin recordats.

Hi ha tot un seguit de refranys referits a les tasques del camp, que no són sempre certs arreu, perquè la meteorologia varia i sempre cal poder acotar-los a determinades zones on són coneguts i tenen difusió. Perquè, per exemple, a les zones d'alta muntanya, amb un clima no tan benigne, de vegades aquestes tasques s'endarrereixen algunes setmanes. Com ens recorda Joan Amades al pròleg de *Folklore de Catalunya. Cançoner* (publicat a Selecta el 1950), «[és un] refrany erroni. No cert a tot arreu. Sí a la plana central, però no a les zones de muntanya, de conreus notablement més tardans i endarrerits. A la Plana de Vic no seguen fins a primers de juliol; al Ripollès i vall de Camprodon i Cerdanya, a finals; a mitjans d'agost a vall de Boí i fonts de Llobregat [...]». O com diu Isabel Gimeno a *El llibre dels refranys catalans* (1998): «Aquest mes marca un dels moments més importants i més culminants dins la vida dels pobles de cultura mediterrània, en els quals el blat i els cereals en general juguen el paper principal d'alimentació. El juny és el mes de segar els cereals».

En castellà també diuen: *Cuando junio llega, limpia tu hoz y tu era* o, encara més sintèticament: *Junio, hoz en puño*, idèntic al portuguès: *Em Junho foice em punho*. En francès fan referència tant al juny com al juliol: *Entre juin et juillet, la faucille s'y met* ('Entre juny i juliol, s'hi fica la falç'). I no podem oblidar que en català també diem *Pel juliol, la falç al coll*, perquè ja és temps de batre.

Encara que fa referència a unes tasques ja no gaire comunes ni conegudes, sobretot a ciutat, és un refrany molt popular. Si demanem a algú un refrany del mes de juny, gairebé segur que recordarà aquest. Prova d'aquesta popularitat i pervivència és que apareix al *Diccionari de la llengua catalana* de l'Institut d'Estudis Catalans (DIEC), com un exemple d'ús sota la veu 'falç'. La gran majoria de diccionaris moderns són esporgats de refranys. No són inclosos a les entrades, ni tan sols com a fraseologia. Ha passat al DIEC, als de l'Enciclopèdia Catalana i, en castellà, fa anys que va passar el mateix al diccionari de la Real Academia Española. Molt pocs n'han perviscut en exemples, com en aquest cas.

> Quan ve el mes de **juny,**
> **amb la falç al puny**
> la Verge se'n baixa,
> se'n baixa a segar
> lo blat que el sol daura.
> Si el forment és d'or,
> la falç és de plata.
>
> JACINT VERDAGUER

> Quan arribàrem a Randa, es pot dir que no hi havia al poble més de dotze majors d'edat, algun d'ells xacrós i mal dispost a dictar cançons ni que n'hagués sabut. És que érem al fort de la collita d'ametlles, i els braços escassejaven. [...] Hem de notar les cançons de batre recollides a l'era de «Sa Llapassa», puix encara batien els dies que hi fórem, i les de segar que cantà En Ponç Montserrat, també a «Sa Llapassa»: com que no li acudia la tonada a la memòria, agafà un manat d'espigues que hi havia en un racó i fent com aquell que les segava, tot remenant-les i fent soroll amb cadires, cantà com si es trobés **al juny i amb la falç al puny**.
>
> BALTASAR SAMPER i JOSEP M. CASAS HOMS, «Missió de recerca 1925», dins *Obra del cançoner popular de Catalunya. Materials*, vol. 6 (Barcelona: Publicacions de l'Abadia de Montserrat, 1996)

Vots: 101 (8,38%)

La falç al puny és un llibre d'Oriol Vergés amb dibuixos de Pere Virgili (1988). També és el títol d'una «obra lírica en dos actes i quatre quadros», amb textos de Lluís Capdevila i R. Homedes Mundó i música de Manuel Blancafort, «estrenada per la companyia líricocatalana que dirigeix Josep Llimona al Teatre Nou, el mes de febrer de l'any 1931».

Etimologia de *juny* — Del llatí *junius*, nom de mes i de persona, possiblement relacionat amb Juno, la deessa romana assimilada a Hera, protectora de les dones.

19 / 100

QUI DE JOVE NO TREBALLA, QUAN ÉS VELL DORM A LA PALLA

El sentit és ben clar: cal ser previsor de jove per al dia de demà, quan no tindrem l'energia ni les oportunitats d'antuvi. Recomana fer calaix per poder passar sense penes els darrers anys de vida, quan potser ja no podrem treballar. Aplicat a la realitat de la nostra societat, el consell del refrany seria preveure una jubilació tranquil·la. En un sentit més abstracte, vol dir que, si no fas les coses quan les pots fer, després en patiràs les conseqüències.

El referent de dormir en un paller ens trasllada a una societat rural de fa uns quants segles. Ara potser diríem que ens tocaria anar a dormir sota un pont.

Dormir (o *jeure*) *a la palla* ha perviscut com una frase feta aplicada a algú que és molt badoc, o en el sentit de no tenir la menor sospita d'un mal que ens afecta o un perill que ens amenaça: «Volen fer-ho sense que el seu germà ho sàpiga; però es pensen que ell dorm a la palla i és ben al revés; està al corrent de tot.» També es diu que algú *està a la lluna* (o *a la lluna de València*).

Josep M. Sugranyes, al respecte de l'expressió *dormir a la palla*, a *Garbellada de refranys*, ens dóna algunes dades més: «Aquesta expressió s'emprava per indicar ingenuïtat, innocència, ignorància i d'altres conceptes semblants. La procedència cal atribuir-la al costum que hi havia antigament, sobretot a muntanya, que els nois, des que deixaven el raser de la mare fins que es casaven, dormien a la pallissa damunt la palla. A tot estirar, embolicats en un llençol o manta, segons l'estació de l'any.»

És curiosa també l'anècdota que ens explica de l'ús d'aquesta expressió a Reus: «Relacionat amb la palla, i en una sensible deformació d'aquest origen comentat, la gent de Reus una mica entrada en anys encara recorda que, quan canviaven les meuques d'un bordell, els xicots s'ho deien els uns als altres amb l'expressió: "A ca la... hi ha palla nova".»

La moralitat d'aquest refrany ens recorda la faula clàssica de la cigala i la formiga, immortalitzada per La Fontaine, on la formiga, treballadora i previsora, aprofita la bonança de l'estiu per arreplegar menjar per al dur hivern que ha de venir, mentre la cigala es dedica a cantar i divertir-se, sense tenir cap previsió per al futur pròxim.

N'hi ha algunes variants ben curioses, com ara *Qui no adoba allò que espatlla, prompte dormirà a la palla* o bé *Qui de jove dorm a la llana, de vell dorm a la palla*.

En castellà trobaríem diverses expressions sinònimes o equivalents, com ara: *A mocedad ociosa, vejez trabajosa*; *La mocedad holgada trae la vejez arrastrada*; *De jóvenes, sardinas, y de viejos, espinas*; *Quien de joven no patea, de viejo patalea*, o bé *Vago en la niñez, pobre en la vejez*.

La meva santa mare ja m'ho deia: «**Qui de jove no treballa, quan és vell dorm a la palla**»; és una dita també, perquè ella, pobra dona, havia treballat de jove i de valent, i de vella també dormia a la palla. Potser és per això que a mi no m'entrava mai l'esma de la feina.

MARIA AURÈLIA CAPMANY, *Narrativa breu* (Barcelona: Columna, 1993)

Les cigales viuen pocs dies, i això vol dir que la de la faula no podia demanar a la formiga algun gra per a sobreviure, oi més quan pel fet de no tenir boca tampoc no se l'hauria pogut menjar. Amb això, però, no volem dir que el senyor de La Fontaine ens vulgui enredar. I ara! Amb la seva faula no pretenia escriure un llibre científic sinó recomanar-nos que s'ha de treballar i estalviar per a quan vagin maldades. Com aquella vella dita: «**Qui de jove no treballa, quan és vell dorm a la palla**».

JOAQUIM CARBÓ, «La cigala i la formiga» (*Cavall Fort*, núm. 1133, octubre de 2009)

Tira de Toni Batllori publicada a *La Vanguardia* el 5 d'abril de 2012, que il·lustrava la notícia «Rajoy adverteix les autonomies que totes han de complir». El president del govern espanyol havia dit, textualment: «Us dic, per experiència pròpia, que la perseverança i la constància sempre donen fruits.»

Vots: 101 (8,38%)

«Dormir a la palla» és una cançó amb música i lletra de Jaume Arnella, al seu disc *Les cançons del Pont de les Formigues* (1999).

Etimologia de *treballar* — Del llatí vulgar *tripaliare*, 'torturar', derivat de *tripalium*, 'mena de cep o instrument de tortura', compost de *tres*, 'tres', i *palus*, 'pal', pels elements que integraven l'instrument; la idea de patir tortura va contaminar la de laborar o obrar i en plasmà pejorativament l'esforç que implica.

20 / 100

A LA TAULA D'EN BERNAT, QUI NO HI ÉS, NO HI ÉS COMPTAT

Qui era aquest Bernat? Podem suposar que era un abat, perquè també n'hem sentit la variant *A la taula de l'abat, qui no hi és, no hi és comptat*. Joan Amades el comenta i n'explica l'origen, en una d'aquelles explicacions que tant li agraden i que tant desagraden als seus detractors. Però és l'única que ens ha arribat. Acostem-nos-hi, doncs, amb curiositat, però amb prevenció:

> Era costum que quan el pare abat s'asseia a taula, ja no ho pogués fer cap més germà; si algun confrare es trobava fora del convent a l'hora de l'àpat, en tornar no podia fer la menjada perduda i havia d'esperar que tornés a ésser hora de refetor per fer l'àpat que seguia. Aquest costum va donar peu a la formació de la parèmia que diu: *A la taula de l'abat qui no hi és no hi és comptat*, emprada per indicar que no es té en compte ni consideració al qui no fa acte de presència. I com que aquesta regla sembla que eren els ordes benedictins qui més la practicaven, hi ha versions del refrany que en lloc de la taula de l'abat, retreuen la taula d'en Bernat.

Per tant el significat és clar: de no prendre en consideració les persones absents i reclamar puntualitat a l'hora dels àpats o, per extensió, a qualsevol trobada o reunió, una mica en el mateix sentit del refrany que ocupa la posició número 5 en aquest rànquing de popularitat: *A la taula i al llit, al primer crit.*

En castellà, sense personalitzar en ningú i d'una manera més genèrica, diuen: *Quien no parece, perece*, i la podríem mig emparentar amb aquella dita que fa *Quien fue a Sevilla, perdió su silla*. I en portuguès trobem *Quem não aparece não é lembrado* ('Qui no apareix, no és recordat'). I si se'ns permet la facècia d'incórrer en una traducció gairebé mecànica, en castellà també podríem dir: *En la mesa de Torcuato, quien no está, no tiene plato*.

Malauradament no podíem establir contacte amb el coronel Frederic Escofet, que havia quedat atrapat a Europa en territori ocupat pels nazis. Els consideràvem els nostres caps; en la nostra intenció, els *Quaderns* [*de l'Exili*] havien de ser sobretot un mitjà de propaganda al servei d'aquell propòsit. Crèiem que si no era per prosseguir el combat per Catalunya no hauria valgut la pena exiliar-nos i que la famosa «taula de la Pau» de què tant es parlava durant la guerra, i a la qual algun benaventurat donava per segur que seria invitada Catalunya encara que no féssim res per guanyar-nos-ho, seria una «**taula d'en Bernat**».

JOAN SALES, «Paraules prèvies en aquesta edició facsímil dels *Quaderns de l'Exili*», *Els «Quaderns de l'Exili»* (Barcelona: Barcelonesa d'Edicions, 1994)

Encara, però, allargaré aquest tema per incidir amb els mots *Cavall Bernat*, tan esbombats arreu de les muntanyes del nostre país. Sense ànim de pontificar, que no em va, he de fer cas a la creença general que el que realment es deia antigament, en èpoques de dir les coses tal com raja, era *Carall Bernat*, en clara referència al membre masculí, confirmat per la forma fàl·lica que tenen totes les roques d'aquest renom. I encara hi afegiré que l'al·lusió de Bernat té el mateix origen que la dita: «**A la taula del Bernat qui no hi és no hi és comptat**», o sigui, blasmar la gran rigidesa de l'orde de Sant Bernat de Claresvalls en el segon terç de segle XII.

JOSEP M. SUGRANYES, *De Reus a Prades i Poblet. A peu pels camins de la història, la llegenda i l'anècdota* (Valls: Cossetània, 2001)

Vots: 93 (7,72%)

Etimologia de *taula* — Del llatí *tabula*, 'post, tauló', que substituí el llatí *mensa*, 'taula'.

21 / 100

QUI CANTA A LA TAULA I XIULA AL LLIT NO TÉ EL SENY GAIRE ACOMPLIT

D'aquest refrany n'hi ha múltiples variants: *Qui canta a taula i xiula al llit, no té el seny gaire eixorit* (Olot); *Qui canta a sa taula i pixa en es llit, no té s'enteniment complit* (Mallorca); *Qui canta quan pasta i quan feny, no té son seny* (Palma); *Qui riu a taula i es pixa al llit té l'enteniment molt petit*, etc.

Sobre aquest *seny acomplit*, el mallorquí Jaume Alzamora, a *Espigolant dins l'antigor* (2008), diu: «Pareix que només es disculpa el cantar a la dutxa. Sense bromes, ni la taula ni el llit semblen llocs adequats per fer el canari ni per orinar», i un autor menorquí, Josep Pons Lluch, en un recull de 1993 (la seva recopilació és anterior, però ho publiquen pòstumament), *El refranyer menorquí*, diu referit a diverses versions: «Tots aquests refranys s'usen per estimular a corregir-se d'aquests defectes o mals costums». Ell recull *Qui canta a sa taula i en es llit, es seny no té complit*; *Qui canta a sa taula i pixa* (o *siula*) *al llit, no té es seny complit* i *Qui canta en es llit i a sa taula, seny té de banaula*. Dóna com a equivalent castellà *El poco seso canta en la mesa y silba en el lecho*.

Sobta la dualitat de formes que ens arriben amb xiular/pixar. Tot porta a pensar que hi ha hagut un intent de «dignificar» el refrany, extirpant-ne la part més escatològica, com ha passat tan sovint en la nostra tradició a través d'autors massa porucs o entenimentats, tal com apunta Toni Juanet (un informant barceloní de RodaMots): «A casa de la meva dona sovint discutíem sobre si el rodolí original deia *xiula* o *pixa*. A casa meva sempre s'havia dit *pixa*, i quan vaig sentir aquest *xiula* em va semblar ridícul. Em sembla que el sentit comú porta a pensar que és lògic parlar de pixar-se al llit com a cosa d'algú que encara no s'ha fet gran. I pel que fa a xiular al llit, no crec que sigui una pràctica habitual, ni en nens ni en adults. Amb el temps, i la reserva d'una determinada classe social a ser escatològic, aquest *pixa* devia derivar a *xiula*.»

Aquest refrany també apareix en altres idiomes. En francès segueixen el mateix patró: *Siffler à table et chanter au lit est signe de folie*. En castellà diuen *El que come y canta algún sentido le falta*, que, amb alguna variant, també diuen en portuguès: *Quem come e canta, não tem amor à garganta* ('Qui menja i canta, no li té amor a la gola').

Afegim-hi, per acabar, que la forma *complit* no s'oposa a *complert*, el participi més estès en el català central, sinó que el complementa o... més aviat al revés: la forma *complert*, més moderna, s'ha ajustat a la flexió seguida per *obrir*, mentre que *complit* és el participi clàssic i es manté viu en moltes àrees de la llengua.

> Quan era xic, els pares ja em solien renyar amb algun rodolí. Si arribava a casa amb sang a les cames, em deien: «les cabres, pels seus pecats, porten els genolls pelats». De vegades em deixava caure de genolls a la grava del jardí només pel plaer de sentir com m'ho deien. També podria rebotre una pedra al cap d'alguna altra criatura. «La pedra, quan surt de la mà, no sap on va», deia la mare de la víctima, mentre li posava Mercromina. «Ho sento, senyora Mercè —responia jo—, ha estat sense voler». Només pel gust de sentir un rodolí, els diumenges a l'hora de sopar cantava. El pare, que escoltava el Carrusel Deportivo, em deia allò de: «**Qui canta a la taula i xiula al llit no té el seny ben guarnit**». Me'n recordo tant... O *tempora, o mores*, com enyoro aquelles hores. Perdó, perdó. Se m'ha escapat una altra vegada. Els asseguro que no tornarà a passar.
>
> PERE FRANCITORRA, «Incontinència poètica», dins *El mort i qui el vetlla i altres contes* (Valls: Cossetània, 2002)

Vots: 92 (7,63%)

Etimologia de *seny* — Del germànic occidental *sinn*, 'sentit; judici'.

22 / 100

A L'ABRIL, CADA GOTA VAL PER MIL

Valeri Serra i Boldú, a *Festes i tradicions populars de Catalunya* (1918, reeditat per les Publicacions de l'Abadia de Montserrat el 1986) ho explica així: «Amb l'abril es fecunda el sòl, i tota planta adquireix un ferm desplegament, si l'aigua ve en ajut seu». Evidentment a la primavera, amb l'esclat de la naturalesa, la pluja és molt beneficiosa per al camp i els conreus.

Per això una variant valenciana d'aquesta dita, *En abril, cada gota val per mil, per l'ull i per la raïl*, aprofundeix en el sentit que tota l'aigua aprofita, arribi directament a la planta a través del seu ull, o a través de les arrels, quan xopa el terra.

Aquest refrany, com tants d'altres, s'emmarca en el repertori meteorològic i es limita a descriure fets fonamentats en l'observació, l'experiència i el raonament inductiu, però que no comporten cap judici de valor. Així, del refrany no es pot extreure cap valoració sobre si la pluja és bona o no. Segurament un pagès ho veurà prou diferent d'un excursionista o una persona que vol sortir a la platja el cap de setmana.

En castellà, més sintèticament diuen *Abril, aguas mil* o, amb un sentit que potser mira més l'abundor de la pluja que no pas la productivitat que se'n segueix en l'agricultura: *Llueva para mí abril y mayo, y para ti todo el año*.

Amb una paraula: tots sabem que **dins es bril cada gota val per mil**. Ja hi ha xítxeros i faves tenres, que són una menja de reis. Dins es bril egos i someres fan es nadissos, qui, en esser acabats de nodrir, són tan bons per qualcar-hi, per llaurar, per tirar a carro, per enganxar-los a carretons de feina i de qualcar, passavolants, galeres, carrosses i cotxos. Dins es bril n'hi ha que ja seguen ordi i per això diu s'adagi: per Sant Jordi, garbes d'ordi.

ANTONI M. ALCOVER, *Aplec de rondaies mallorquines d'En Jordi d'es Racó*, vol. 3 (Palma: Moll, 2001)

La meteorologia d'abril sols aconsegueix a ser notícia destacada als mitjans de comunicació quan —moltes vegades ha passat— el temps fa un retorn cap a l'hivern. No obstant això, aquest mes no sempre acostuma a ser gaire abundós de pluges, per molt bones i sospirades que siguin. Els camps solen estar, com enguany, verds i ufanosos i d'aquí ve allò d'**aigua d'abril, cada gota val per mil**.

JOAN BARCELÓ, «L'arribada d'abril és primavera; la saba i la sang altera» (*Diari de Balears*, 3 d'abril de 2005)

Vots: 91 (7,55%)

Etimologia d'*abril* — Del llatí *aprilis*. El seu nom no ve d'*aperire*, 'obrir', com havia estat dit (com el mes que *obria* el bon temps després de l'hivern), sinó probablement del senglar (*aper*) venerat pels romans, o bé té relació amb un mot vèdic (*àparas*), és a dir, 'següent' al primer mes (en l'antic calendari romà el març era el primer mes de l'any).

23 / 100

D'ON NO N'HI HA, NO EN POT RAJAR

Significa que és inútil esperar resultats d'una cosa o persona que no té mitjans ni enteniment per a produir-los.

És un refrany molt popular i amb un ús força habitual. Mostra d'això és que arriba a actuar com una frase feta i admet igualment una versió que n'estalvia un verb, i és usual doncs sentir-lo en la variant *D'on no n'hi ha, no en raja*.

En castellà ho diuen de manera semblant i amb el mateix sentit: *De donde no hay no se puede sacar* o *Donde no hay, no hay*. En francès usen una imatge ben diferent: *On ne saurait tirer du sang des pierres* ('No es pot treure sang de les pedres'), que coincideix amb l'anglès: *You can't get* (o *draw*) *blood from a stone*. En portuguès ho diuen d'una manera molt més sintètica: *De nada, nada se faz* ('De no res, no se'n fa res'), o bé *Ninguém pode dar o que não tem* ('Ningú pot donar allò que no té'). I en italià: *Dove non c'è non ne toglie neanche la piena* ('D'on no n'hi ha, no en traurà ni la riuada').

El refranyer usa recurrentment fórmules més o menys estereotipades o recursos més o menys amanits, cercant aquesta memorització i pervivència. Així l'expressió 'On no n'hi ha' la podem trobar en molt diversos refranys per expressar una condició inevitable per aconseguir una determinada cosa. Vegem-ne uns quants exemples: *A casa del meu veí, quan no n'hi ha per a pa, n'hi ha per a vi*; *On no hi ha sang, botifarres no s'hi fan*; *Allà on no n'hi ha a dalt, no en salta a baix*; *Allà on no n'hi ha, que no n'hi cerquin* o *De jutges i d'advocats, no n'hi ha gaires de salvats*, entre molts d'altres.

> Tot està viu, gent, electrons,
> rius, puigs i cel, i el savi diu
> que **d'on no n'hi ha no en pot rajar**.
> Jo dic que raja i doncs que n'hi ha.

> Ell diu que calli el nom del niu:
> és que no en té, no es toca fons,
> i de mel en raja, germà,
> la rosa s'obre a tot arreu,
> l'abriga tot, la vida en beu,
> som dos, sóc un, no som ningú
> i un de tots dos resulta que es diu tu.
> Qui s'atreveixi i vol, aquest ja ho veu.
>
> ENRIC CASASSES, *Començament dels començaments i ocasió de les ocasions* (Barcelona: Edicions 62, 2007)

> Els vailets reien, es posaven l'índex al front i deien:
>
> —Ets ben boja, Joana! Leri, leri!
>
> —Estàs tocadeta! Te'n falta una bona bullida!
>
> I corrien a contar-ho als grans. La Salut se'n dolia:
>
> —Per què ho dius, això, Joana?
>
> Jo feia l'orni. La Raurella ni em mirava. Un dia exclamà, només:
>
> —Deixeu-la dir. Tant n'hi ha i bon pes! **D'allà on no n'hi ha, no en raja**. De petita va tenir una malaltia al cap i d'ençà d'aquells dies no toca ni quarts ni hores, aquesta.
>
> EMILI TEIXIDOR, «La meva germana és ben boja», dins *Sic transit Glòria Swanson* (Barcelona: Edicions 62, 1988)

Vots: 91 (7,55%)

Etimologia de *rajar* — Del llatí *radiare*, 'emetre raigs de llum', derivat de *radius*, 'raig'. Altres mots de la mateixa família són *irradiar*, *rajada*, *radiador* i *rajolí*.

24 / 100

QUAN AL CEL HI HA CABRETES, A LA TERRA HI HA PASTETES (O BASSETES)

Ens trobem davant d'un refrany meteorològic d'una gran extensió d'ús i amb una variació impressionant. Amb l'estructura {Quan al cel hi ha X, a la terra hi ha Y}, *X* i *Y* poden prendre infinitat de formes ben diverses. Al cel *barquetes*, *bassetes*, *boiretes*, *cabassetes*, *cabretes*, *calderetes*, *canteretes*, *cassoletes*, *clapetes*, *escaletes*, *ovelletes*, *pedretes*, *petxinetes*, *punyetes*, *rajoletes*, *roquetes* (que és la forma popular d'identificar uns núvols que recorden clapes de cotó fluix al cel), etc.; a la terra *bassetes*, *cadolletes*, *codolletes*, *fanguetes*, *farinetes*, *pastetes*, *punyetes*, *xarquetes*, etc.

Tot plegat serveix per indicar que quan hi ha uns determinats núvols al cel, al cap de poc temps plou i la terra s'omple de tolls i de bassals. Són molt interessants els estudis sobre quin grau de veritat contenen aquests refranys de caire meteorològic i pel que sembla se sustenten prou bé. De fet, eren un recordatori per poder interpretar els senyals del cel. I per això són tan nombrosos els refranys referits al vent, la pluja i molts altres fenòmens meteorològics, que són fruit de l'observació de l'entorn i la interpretació i sistematització d'aquests senyals.

A banda de les abundants variants que observem sota l'estructura abans esmentada, n'hi ha una altra que també presenta una gran variació: {Cel a X, aigua a Y}, on *X* i *Y* també prenen molt diverses formes: cel a *bassetes*, *bocinets*, *boiretes*, *borreguets*, *brometes*, *bunyolets*, *cabretes*, *cassoletes*, *escaletes*, etc.; aigua a (o a la terra) *bassetes*, *cadolletes*, *calderetes*, *canaletes*, *cantirets*, *cassoletes*, *clotxetes*, *codinetes*, *codolletes*, *escudelletes*, *fanguetes*, *farinetes*, *fontetes*, *galledetes*, *galletes*, *gotetes*, *mostetes*, *pastetes*, *simalets*, etc.

Segons les dades obtingudes al *Top ten de refranys catalans*, sembla que la forma *Quan al cel hi ha cabretes, a la terra hi ha pastetes* és la més usual al Principat de Catalunya, mentre que la variant *Cel a borreguets*, *aigua a canterets* és la predominant al País Valencià. I curiosament, no es van rebre mencions de cap altra part del domini lingüístic català. Són interessants aquestes dades d'ús, perquè les dades en documents escrits donen una vitalitat molt més estesa de totes dues variants.

JOSEP SOU, «Borrasca» (1993), grafisme sobre paper. 32 x 23 cm. Reproduït del catàleg *Poesia visual catalana* (Barcelona: Generalitat de Catalunya, 1999), arran de l'exposició del mateix títol al Centre d'Art Santa Mònica (Barcelona)

Vots: 88 (7,30%)

Etimologia de *pasteta* — Diminutiu de *pasta*, del llatí tardà *pasta*, i aquest, del grec παστά, 'farina barrejada amb suc', derivat de πάττω, 'vessar, escampar'.

25 / 100

ELS TESTOS S'ASSEMBLEN A LES OLLES

És una metonímia clara de la causa i l'efecte, entre el principi i el resultat: en poques paraules, de la semblança entre fills i pares, si intercanviem 'testos' per 'fills' i 'olles' per 'pares'. Ens recorda la casta, el *venir de mena*, que ja trobàvem en algun altre refrany, si bé amb un sentit més aviat despectiu. Altres proverbis catalans recorden aquest deute genètic: *A tals pares, tals fills; Fill de pare ballador, tot el dia salta; Qui s'assembla als seus, no fa tort a ningú; Segons l'arbre, el fruit; Si el pare és músic, el fill és ballador; El pare joglar i el fill timbaler; No espers d'àvol ca bon cadell ni d'àvol taur bon vedell; De tal buc, tal eixam; De mala arrel, tard n'ix bon fruit; No és bord qui retira als seus; Cabres virades fan cabrits virats; Per on salta la cabra, salta la xota; El fill de la gata, rates mata* i un llarg etcètera de variants.

Com hem vist en d'altres casos, també hi ha alguna versió ampliada del refrany, com per exemple, *Els testos s'assemblen a les olles, si no pel mig, per les vores*. I aquests 'testos', segons el lloc, poden esdevenir 'pots', 'plats', 'tupins' o altres atuells.

S'usa tant en termes elogiosos, quan els fills són tan bons com els pares, com despectivament quan un fill arrossega la mala fama dels pares. En castellà hi ha l'arxiconegut refrany *De tal palo, tal astilla*, per expressar aquest mateix sentit. Però en podríem trobar també una munió de ben diversos: *Cual el cuervo, tal su huevo; De casta le viene al galgo el ser rabilargo; De padre rojo, hijo renco; Hijo de gata, ratones mata*, etc. La versió més coneguda d'aquest mateix refrany en anglès és prou literal: *Like father, like son*, però n'hi ha una altra: *The apple never falls far from the tree* ('La poma mai cau gaire lluny de la pomera').

Jo estic segura que la Valèria se'n sortirà, de la maleïda malaltia. Primer, perquè la meva germana té el caràcter de l'àvia Valèria, **els testos s'assemblen a les olles**, i no és pas casualitat que portin el mateix nom... S'hi assembla en tot, en la manera de fer, en l'aspecte... i ara que es va fent gran encara més. Que em perdoni si em sent, però fins i tot s'ha arrugat de la mateixa manera, el mateix dibuix entorn dels llavis. I és igual de tossuda.

SÍLVIA SOLER, *Petons de diumenge* (Barcelona: Columna, 2008)

Vots: 87 (7,22%)

«Com els testos a les olles» és una narració de Lali Cistaré que va guanyar el premi Recull l'any 1992. *Els plats s'assemblen a les olles. Escrits d'àvies i avis educadors* és un llibre col·lectiu publicat per Graó el 2010.

Etimologia d'*olla* — Del llatí *olla*, mateix significat, del llatí antic *aula/aulla*, 'pati; atri; olla', del grec αὐλη, 'pati, atri'. El mot *aula* i els seus derivats tenen el mateix origen etimològic.

26 / 100

DE JOANS, JOSEPS I ASES, N'HI HA A TOTES LES CASES

Segurament avui hauríem de referir-nos a Marcs i Martines, els noms més usuals dels nadons catalans. I potser algun dia deixaran pas als Mohameds o Jennifers. Qui ho sap!, perquè això dels noms són modes passatgeres, que, amb tot, van esborrant la tradició del santoral.

Però antigament, en poques cases no hi havia algun Joan o Josep. Per referir-se a aquesta generalització, i amb un sentit irònic i burlesc, es posava en el mateix cabàs els ases, que metafòricament, o bé peluts i amb quatre potes, n'hi havia a totes les cases (de pagès, és clar, per ajudar en les feines del camp).

Segons els llocs hi poden aparèixer altres noms (com Pere i Anton), i encara n'hi ha algun d'amanit amb un acabament divertit amb noms de dona, potser per trobar l'equilibri que avui ens fan considerar políticament correcte entre homes i dones: *De Joans, Joseps i ases, n'hi ha per totes les cases; i de Tereses i Maries, fins a les escombraries.*

Josep Balbastre, al *Nou recull de modismes i frases fetes* (Pòrtic, 1977), dóna com a equivalent castellà *En todas partes cuecen habas* (que alguns acaben *y en mi casa* [o *y en la mía*] *a calderadas*), amb el sentit que cert inconvenient o defecte no és exclusiu d'un únic lloc determinat. Però crec que l'equivalent català més adequat a aquesta expressió castellana és *A tot arreu se'n fan, de bolets, quan plou* o *Pertot arreu couen pa.*

En francès ho expressen amb una altra imatge metafòrica: *Il est des sots de tous pays* ('De babaus n'hi ha pertot') i encara, en anglès, usen també una imatge pròpia: *In every country dogs bite* ('En tots els països els gossos mosseguen').

Venint per Txerskaia, una de les artèries principals del vell Moscou, s'entrava a la Plaça Roja per una porta alta i més aviat estreta anomenada la Porta Ivèrica —no pas ibèrica, ivèrica, amb V de Valls—, o sigui, la Porta de Sant Iu, un sant rus, segons diuen, molt conegut sota el nom d'Ivan, gràcies a la mala anomenada d'Ivan el Terrible. Ivan és un sant molt popular a Rússia. Passa com amb els **Joans, Joseps i ases** a Catalunya: **n'hi ha a totes les cases**.

EUGENI XAMMAR, *Seixanta anys d'anar pel món. Converses amb Josep Badia i Moret* (Barcelona: Pòrtic, 1974)

Paral·lelament, continuava donant voltes a la meva tesi del llibre, la del periodista de la Catalunya impossible, i la xarxa invisible que lligava en aquest país nostre els diaris *La Publicitat*, *Mirador* i *El Be Negre*. El nom d'Amadeu Hurtado hi ressonava ferm. Vaig lligar-lo amb el *Mirador* de Perpinyà del 1966 i, repassant les notes que havia pres, vaig caure en una conclusió evident: si l'ànima d'aquest segon *Mirador* era un tal Amadeu Cuito, necessàriament devia tractar-se d'algun familiar llunyà d'Amadeu Hurtado, perquè **de Joseps i ases n'hi ha a totes les cases**, però d'Amadeus, la cosa va una mica més primmirada.

QUIM TORRA, *Viatge involuntari a la Catalunya impossible. Tres periodistes oblidats i l'espectre d'Eugeni Xammar* (Barcelona: Proa, 2010)

Vots: 77 (6,39%)

Etimologia de *casa* — Del llatí *casa*, 'cabana, barraca'. El mot llatí per 'casa', *domus*, ens ha donat paraules com ara *domicili* i *domèstic*, mentre que *mas* i *masia* vénen de *mansus*, 'lloc de residència', del verb *manere*, 'restar, quedar-se'.

27 / 100

QUI NO TÉ FEINA, EL GAT PENTINA

Quan algú està desvagat, fa qualsevol cosa —per absurda o improductiva que sembli— només per entretenir-se. A Mallorca també es fa servir la variant *Qui no té res que fer, pentina pets*. Sebastià Farnés, a *Paremiologia catalana comparada*, en recull una variant ampliada: *Al qui res no l'amoïna, grata el gat o el gos pentina*. També serveix per fer escarni d'ocupacions inútils o d'idees de dubtosa aplicabilitat.

El castellà fa servir una expressió ben castissa i expressiva, amb el mateix significat: *El que no tiene que hacer, con el culo caza moscas*, com recullen alguns repertoris i antics diccionaris bilingües de finals del segle XIX.

Ja veiem doncs que per fer esment d'aquest lleure o poca feina de determinades persones, el refranyer acudeix a expressions ben castisses i si convé escatològiques, relacionades amb el cul o amb la cura dels animals de companyia més habituals a les cases del país, gats i gossos. Perquè és ben clar que mentre tens les mans ocupades a fer moixaines a aquests animalons, no les destines a altres obligacions i quefers més productius i profitosos.

> En tal és el tercer cop que s'està en aquest camp, i cada vegada l'han repatriat. En tal altre podrà sortir aviat perquè està fent xantatge a un funcionari mafiós, o perquè té contactes amb un dels peixos grossos de vés a saber on. No te'ls hauries acabat mai, els maleïts rumors. Però ja se sap, **qui no té feina, el gat pentina**, i allà dins, de feina ben poca; i de gats per pentinar, tots els que vulguis.
>
> ROC CASAGRAN, *Un ós panda al pas zebra* (Barcelona: Columna, 2011)

> Només entrar a la plaça quasi es va topar de nassos amb el baró de Maldà, que feia el tafaner, mirant els balcons, caminant amb les mans a l'esquena i amb aire de no tenir res a fer. **Qui no té feina, el gat pentina**, li va escopir de pensament don Rafel mentre feia una lleu reverència i somreia envejant-li fins als ossos el títol de baró.
>
> JAUME CABRÉ, *Senyoria* (Barcelona: Proa, 1991)

Vots: 71 (5,89%)

Qui no emprèn el gat pentina: vuit contes per a emprenedors és un llibre de Lluïsa Serra i altres autors publicat per la Jove Cambra de Girona el 2008. *Qui no té res que fer al gat pentina* és una comèdia d'Albert Llanas (Barcelona, 1841-1915) estrenada al teatre Romea de Barcelona el 14 de desembre de 1903.

Etimologia de *feina* — Del català antic (i usat encara avui en valencià) *faena*, llatí vulgar *facenda*, clàssic *facienda*, 'coses que han de ser fetes', neutre plural del participi de futur passiu de *facere*, 'fer'.

28 / 100

A L'ABRIL, AIGÜES (O PLUGES) MIL

Molt relacionat amb un altre refrany referit a les pluges del mes d'abril que ja hem comentat, *A l'abril cada gota val per mil* (en la posició 22), però amb un significat i una aplicació ben diferent. Mentre el primer copsava que tota l'aigua del mes d'abril és profitosa per l'adveniment de la primavera i les necessitats d'aliment de la natura, aquest fa referència a l'abundor de les pluges habitual aquest mes. Aquesta abundor indeterminada, però considerable, s'expressa amb l'adjectiu numeral *mil*.

Ja veiem que, quan ens referim a refranys meteorològics o relacionats amb fets i feines del camp, aquestes fórmules tenen un ús territorial ben divers i no són d'aplicació universal. Però, en general, les èpoques més plujoses al nostre país són la primavera i la tardor. I el refrany fa referència al fet que la pluja durant aquest mes és abundosa i beneficiosa.

En castellà també trobem el mateix refrany: *Abril, aguas mil*, sovint acabat amb una altra clàusula: *Abril, aguas mil, cernidas por un mandil*. El 'mandil' és una peça de drap de lli usada antigament com a davantal, tovallola, etc. També ho acaben *Abril, aguas mil, y todas en un barril*, per indicar el cas contrari, quan les pluges sovintegen però són de tan curta durada que l'aigua que cau es pot recollir en aquell davantal o en un barril.

En italià parlen de les excel·lències de la pluja d'abril: *Aprile, una gocciola al giorno* ('Abril, una goteta cada dia') o *Aprile, ogni dì un barile* ('Abril, cada dia un barril'). En portuguès és també un refrany ben viu, com ho demostren les diverses variants que n'han perviscut: *Em Abril, águas mil*; *Abril, águas mil coadas por um funil* ('A l'abril aigües mil, colades amb un embut'). I en anglès: *April showers bring May flowers* ('Ruixats d'abril, florides de maig').

> [...] miri, Excel·lència, que són tots els Borbons que ens vénen a sobre, Don Juan al timó de la seva nau i, darrere ell, Felip V amb la seva casaca brodada i la seva Isabel Farnesio; Carles III escortat pel comte d'Aranda i el marquès de Floridablanca; Carles IV més semblant al retrat de Goya que el retrat de Goya a ell; Ferran VII i la seva camarilla, Isabel II i la seva valleinclanesca cort dels miracles; Alfons XII tossint i tossint; Alfons XIII amb desesperació d'**abril aigües mil**, surten a l'encontre del Cabdill i Don Juan, aconsellat per tots ells, sap que ha d'ajuntar bé les mans perquè no es vessi l'oli reservat per ungir el seu fill; que ja està perduda per a mi la corona dels sants i savis, cruels i adúlters, trivials i indiferents reis d'Espanya...
>
> MAGDALENA GUILLÓ, *En una vall florida al peu de les espases* (Barcelona: Destino, 1978)

Vots: 68 (5,64%)

Etimologia de *pluja* — Del llatí vulgar *ploia*, llatí clàssic *pluvia*, mateix significat.

29 / 100

PER NADAL, QUI RES NO ESTRENA, RES NO VAL

Fa referència a la tradició de mudar-se, treure les peces millors i estrenar per Nadal i altres festes grosses, com ara per Pasqua. Amb una interpretació més subjectiva, permet sospesar la posició econòmica de les persones per les gales i ostentacions que fan en les grans diades, com és ara Nadal o Cap d'Any.

Actualment aquest refrany és un eslògan que va com l'anell al dit per justificar la febre del consum que hem de sofrir per la temporada de Nadal. Consumisme i valorar les persones pel que tenen i no pas pel que són. Ja diem tot sovint que els ensenyaments dels refranys no són sempre adequats o contenen veritables bombes de rellotgeria pel que fa al condicionament a través de missatges ben negatius. Això no treu, però, que, per conservar la tradició, no manqui d'un cert agradable regust històric l'eventual estrena d'uns mitjons o un mocador de mocar regalat per una tieta.

En castellà diuen, amb el mateix sentit, *Si no estrenas nada en Navidad, ya sé cómo te va*. I, d'una manera més subtil i sibil·lina, també fan servir una altra expressió sinònima més càustica: *Al que veas en alpargatas por Navidad, no le preguntes cómo le va*.

> Aquell vespre, a la llitera, vaig lliurar-me de ple als meus sentiments. Era tota la meva vida prop de la mare, que revisava, en l'escalfor reconfortant de les mantes. Recordava, especialment, perquè les circumstàncies ho propiciaven, els meus Nadals d'infant, i trobava que era el Pessebre allò que els donava un especial encís. Per això els meus Nadals d'infant van associats principalment al Pessebre que ens feia la mare, al meu germà petit i a mi, la vigília de Nadal, després de sopar d'una esgarrapada. Quan l'havia acabat, nosaltres ens n'anàvem

a dormir, i ella se'n tornava a cosir, perquè les vigílies de Nadal es vetllava al nostre taller de sastreria, fins a la matinada: els clients, benestants, es podien permetre seguir la tradició de fer-se un vestit o un abric: **«per Nadal, qui res no estrena, res no val»**.

PERE CARBONELL I FITA, *Tres Nadals empresonats (1939-1943)* (Barcelona: Publicacions de l'Abadia de Montserrat, 1999)

Vots: 66 (5,48%)

Etimologia d'*estrenar* — Del costum de gratificar algun servei amb roba o coses d'ús personal sorgí el sentit d''usar o fer alguna cosa per primera vegada' i el postverbal *estrena* (del llatí *strena*, 'presagi', 'obsequi que es fa en dia de festa perquè serveixi de bon auguri') amb l'accepció d''ús o realització d'alguna cosa per primera vegada'.

Una altra *estrena* que voldríem contribuir a rescatar de l'oblit és la referida a la tallada de cabells que fa el barber, com ens recorda el *Diccionari català-valencià-balear*: «*Donar o fer l'estrena*: donar un copet al cap o al clatell d'un que acaba de tallar-se els cabells (Barc.). *S'hi acostà, li pegà un copet al cap com si li donés l'estrena*».

30 / 100

PER LA MARE DE DÉU D'AGOST, A LES SET JA ÉS FOSC

Tornem al calendari i la contemplació del cicle anual i la meteorologia, aquí sense cap altra lectura subliminal. Seguim dins el cicle de refranys que fan referència a la llargària del dia. La Mare de Déu d'Agost s'escau el 15 d'agost, festa de l'Assumpció de la Mare de Déu, en què recordem la mort i la pujada en cos i ànima de Maria al regne dels cels. També és el moment que s'acaba la sega als camps i molts pobles ho aprofiten per fer la festa d'estiu. La nit avança i el dia s'escurça.

La dita avui, pels motius que economistes i polítics troben en l'estalvi d'energia, ens resulta enganyosa: segons l'horari d'estiu, el 15 d'agost «a les set» encara no és fosc. Potser per això a Tremp diuen *a les vuit és fosc* (que tampoc no és ben bé cert). Hi ha un desfasament de dues hores entre l'horari solar i l'horari que marquen els nostres rellotges (només d'una hora passat Tots Sants, quan tornem a ajustar el rellotge), cosa que fa que ens n'anem a les nou del vespre, hora en què ja comença a fosquejar en aquesta època de l'any. Ara sí!

Aquesta imposició de canvi horari cada vegada és més qüestionada pels dubtes que desperta: sovint hi ha qui defensa que són pitjors els trastorns físics que afecten les persones que no pas el possible estalvi econòmic en la despesa energètica. I aquesta sensació es veu confirmada quan veiem arreu fanals encesos en moments innecessaris per la llum natural, sense anar més lluny.

En castellà diuen *En agosto, a las siete, sombra en rostro*.

> Dies 15 i 16 d'agost, 1938. **Pel quinze d'agost, a les set ja és fosc**. Actualment en haver avançat dues hores el rellotge tenim claror fins a les nou. Però ens n'hem d'anar al llit quan no ens hi veiem gens perquè no tenim corrent elèctric.

L'horitzó polític ací a Barcelona està molt carregat. Es rumoreja una gran tibantor entre el govern central i el de la Generalitat. Per aquest motiu es veu pels carrers una ostentació de forces no corrent. A més, per l'amic Francesc Masclans hem sabut que a les casernes les tropes estan aquarterades i que s'han repartit gran quantitat d'armes i municions.

FRANCISCA RIUS I SANUY, *Diari íntim: la vida quotidiana a la rereguarda. Barcelona, 1938 i 1939* (Barcelona: Publicacions de l'Abadia de Montserrat, 2009)

Quan arribem a l'estació de Girona, el dia es fon i ja és el capvespre. **Per la Mare de Déu d'agost, a les set ja és fosc**. A l'estació hi ha un cert moviment. Passa un ferroviari amb el fanal vermell encès. Un altre llàtzer, vestit de blau, dóna un cop de martell a les rodes per constatar la bona marxa del material. «Sent el martell?», em diu el senyor enriolat que seu al costat meu. És curiosa la quantitat d'esperits obvis que és possible de trobar en el país.

JOSEP PLA, *El quadern gris* (Barcelona: Destino, 1966)

Vots: 64 (5,31%)

Etimologia d'*agost* — Del llatí vulgar *agustus*, mateix significat, clàssic *augustus*, en memòria de l'emperador Octavi August. Originàriament era el sisè mes de l'any (*sextilis*). Per tal d'honorar l'emperador August, el poble romà li donà el seu nom.

31 / 100

UNA FLOR NO FA ESTIU, NI DUES PRIMAVERA

És evident que un sol cas no pot ser pres per la totalitat d'un conjunt ni tampoc, és clar, com a norma general: *Una figa* (o *una flor*, o *una oreneta*) *no fa estiu*.

També pot voler indicar que calen indicis per afirmar una cosa amb seguretat. En castellà ho expressen tant amb l'estiu, *Una golondrina no hace verano*, com amb l'hivern: *Una lluvia no hace invierno*.

Però sembla que la que ha perdurat i aguantat tots els xàfecs del temps, en la majoria de llengües, és la referent a l'oreneta. En francès diuen: *Une hirondelle ne fait pas le printemps*, i en anglès: *One swallow does not make a summer*. L'oreneta és un ocell migratori, que torna cada any per primavera. Veure'n una de sola, doncs, no és indici que hagi començat realment la primavera.

La dita més estesa i coneguda és la que només conté la primera part del refrany, com en tants altres casos: *Una flor no fa estiu*. En castellà també diuen que *Una espiga no hace manojo*. També és curiosa la versió de la Catalunya del Nord que recull Blanic al seu recull del 1917, *Vocabulari francès-català*: *Una flor fa pas primavera*.

Entre les moltes variants, podem destacar *Una flor no fa maig* o *Una flor no fa primavera* i, allà on les mosques són més empipadores, diuen que *Una mosca no fa estiu, com una flor no fa abril*.

> Des de llavors, sempre que la veig, i pensant en l'alegria que tenia aquell dia, li pregunto les notícies. Els primers dies li deia: «Bé, Caterina, com ha anat?». Però sembla que allò fou la flor d'un dia, i **una flor no fa estiu**. Mentrestant, ella vinga comprar les ampolles d'olor i les camises, que li porta l'ordinari i li costen un ull de la cara,

> i Massaguer dorm que dorm, com sempre... Després, cansada de sentir: «Res, filla res!», li vaig fer la pregunta d'una altra manera... Pobra Caterina!
>
> JOSEP PLA, *El carrer Estret* (1951)

> —Qui és aquest que firma? —preguntà.
> —El rector del poble.
> —Llàstima d'home que sigui capellà! Es coneix que ha de ser una bella persona. Si bé que **una flor no fa estiu**: totes les regles tenen excepció. Altrament, noi, has fet molt bé de fugir del seminari. L'home ha de tirar pel seu camí, encara que sigui costa amunt que se li presenti.
>
> JOSEP POUS I PAGÈS, *La vida i la mort d'en Jordi Fraginals* (1912)

Vots: 60 (4,98%)

«Una flor no fa estiu» és una cançó de Marc Parrot al seu disc *Interferència* (2007). També és el títol d'un recull de folklore de Joaquim Auladell publicat el 1987 per l'editorial Pleniluni d'Alella.

Etimologia de *primavera* — Del llatí vulgar *prima vera*, 'inici de la primavera', de *primum*, 'primer', i *vera*, feminització del neutre invariable *ver*, *veris*, 'primavera'.

Tira de Toni Batllori publicada a *La Vanguardia* el 21 de març de 2012 arran de la notícia «Condemna exemplar de presó per a Jaume Matas», que informava dels sis anys de reclusió a què havia estat condemnat l'expresident balear per prevaricació, malversació, frau i tràfic d'influències

32 / 100

GAT ESCALDAT, DE L'AIGUA TÈBIA FUIG

La imatge del gat llepant-se, per tenir net i llis el pelatge, es contraposa a l'altra imatge del gat amb els pèls eriçats, espantat pel contacte amb l'aigua. Sempre hem sentit a dir que als gats no els agrada l'aigua. I aquest refrany ho corrobora. A partir d'aquest coneixement, que els gats temen l'aigua, el refrany remarca el valor de l'experiència i l'escarment: si t'has escaldat, siguis gat o no, fuges encara que l'aigua sigui tèbia. Encara que el refrany té més sentit amb l'aigua tèbia, i així ho recullen diverses variants, com ara *Gat escaldat aigua tèbia tem* o *Gat escaldat amb aigua tèbia en té prou*, hi ha ben diverses variants també amb aigua freda. Per exemple: *Gat escaldat d'aigua freda fuig* o *El gat escaldat, amb l'aigua freda en té prou*.

Ho podríem dir amb un altre proverbi? I tant!: *L'experiència aconsella la prudència*. O *Dels escarmentats en surten els avisats*. I es diu de qui ja està escarmentat.

Com ho diuen en altres llengües? En castellà, *Gato escaldado del agua fría huye* o *De los escarmentados nacen los avisados* (a l'Argentina, *El que se quema con leche, ve una vaca y llora*). En francès, *Chat échaudé craint l'eau froide* o *Chat échaudé ne revient pas en cuisine* ('Gat escaldat no torna a la cuina') o, encara, *L'expérience rend sage* ('L'experiència fa savi'). I en anglès, *The scalded cat fears cold water* (que correspon al nostre refrany) o bé el molt més comú *Once bitten, twice shy* (literalment, 'Mossegat una vegada, doblement espantadís').

¿Per quins motius els valencians no tenim arrelat el costum lector, ni en hàbit laic ni en religiós? En l'inconscient col·lectiu dels valencians, sovint hi he percebut més por que no gust pels llibres. Per què? Una resposta l'he trobada en la història. I els culpables serien els doctes tribunals de la Santa Inquisició, que en nom de l'ortodòxia santíssima llançaren a les flames —com va fer Hitler segles després— tots els llibres que els semblaven sospitosos d'heretgia, fins i tot les versions en romanç de la Bíblia i altres llibres o tractats, sense importar si eren de cavalleries o de religió. Tindre un llibre a casa era perillós, ja que podia dur el propietari i el llibre a la foguera. El llibre, doncs, se'l tenia per un artefacte subversiu. La por al saber ha marcat, doncs, la memòria culta del nostre poble. Per això, la gent no llegeix: per instint de supervivència. La dita ho diu: **«El gat escaldat de l'aigua freda fuig»**.

JOSEP PIERA, «En el dia del llibre» (*Levante*, 27 d'abril de 2008)

Vots: 59 (4,90%)

Gat escaldat és un conte de Manel Folch i Torres publicat el 1920 a la col·lecció «En Patufet».

Etimologia d'*escaldar* — De *cald*, 'calent', del llatí vulgar *caldus*, clàssic *calidus*, derivat de *calere*, 'ser o estar calent, escalfar-se'.

33 / 100

TANTS CAPS, TANTS BARRETS

Aquesta dita és un cant a la tolerància, a la dificultat que hi hagi unanimitat en les opinions. En definitiva, que cadascú pensa com vol o com pot (com va dir el savi Francesc Pujols: «Cadascú té el dret de pensar com vulgui —encara que, en realitat, cadascú pensa com pot i no com vol»). *Cadascú per on l'enfila*, o hi ha tants parers com persones en aquest món de mones.

En castellà trobem força expressions equivalents, com ara *De tal cabeza, tal sentencia*; *Tantas seseras, tantas monteras*; *Tantos hombres, tantos pareceres*; *Pon lo tuyo en concejo, y unos dirán que es bueno y otros dirán que es bermejo* o, fins i tot, amb un sentit no ben bé idèntic, el conegut *Cada loco con su tema*, que, aquest sí, tradueix el *Cadascú per on l'enfila*.

També ho diuen en francès: *Telle tête, telle sentence* ('Tal cap, tal sentència') i en anglès: *So many heads, so many minds* o *So many men, so many opinions* ('Tants caps [o tantes persones], tantes opinions'), tot i que són molt més freqüents refranys de sentit similar com ara *To each his own* ('Cadascú és lliure de fer les coses a la seva manera'), *Different strokes for different folks* i *There's no accounting for taste*.

Encara que en algun moment s'ha atribuït la frase a Serafí Pitarra (Barcelona, 1839-1895) i que és gairebé segur que devia formar part del seu bagatge mental i verbal, la dita és molt més antiga. Pel que hem pogut documentar, té un remot origen llatí: *Quot homines, tot sententiae*, ja atribuïda a Terenci (segle II aC), d'on degué passar a moltes altres llengües (anglès, italià, castellà, català...): *Tants homes, tantes opinions*; *Tanti uomini, tanti modi di pensare*, o les altres equivalents que vèiem en paràgrafs anteriors.

I encara podem trobar altres atribucions populars, com la que fa Joan Amades al *Refranyer català comentat* (1951), on la relaciona amb el fet de significar la coincidència en nombre de dues coses que tenen relació: «Quan la guerra napoleònica, la nostra pagesia féu el que pogué per matar, aïlladament i sense donar batalla, tants soldats francesos com li fou possible. S'establí el costum com a trofeu de guardar els cascs o barrets dels soldats que cada u matava. I hom calculava el nombre d'enemics morts pels barrets reunits.»

«Hi ha tants Darwin com lectors de *L'origen de les espècies*», em comentà un visitant de l'exposició oberta fins al 6 de novembre a l'Institut d'Estudis Catalans. Cert. Un capdavanter de l'escola alemanya d'estètica de la recepció, Wolfgang Iser, sostenia que el text d'un autor esdevé obra en l'acte de lectura. L'obra, diu, és el conjunt de significats elaborats per cada lector. **Tants caps tants barrets**.

JOSEP MARIA CASASÚS, «Els lectors fan la història» (*Avui*, 19 d'octubre de 2009)

Contentíssim també de saber que voleu començar a escriure aquell llibre de records d'infància, que serà meravellós. Pel que fa a *Quanta, quanta guerra*, teniu tota la raó: sou vós que l'heu de rellegir fredament en comptes de refiar-vos de parers d'altri, que sempre són allò de **«tants caps tants barrets»**. En el ben entès que, si per mandra (respectabilíssima) o pel que sigui, decidiu no fer-hi cap canvi, també la publicarem a mans besades.

JOAN SALES, carta a Mercè Rodoreda, 13.06.1979, dins *Cartes completes (1960-1983)* (Barcelona: Club Editor, 2008)

Vots: 56 (4,65%)

Tants caps tants barrets és una comèdia en dos actes d'Eduard Vidal i de Valenciano, «Estrenada en lo teatro Romea lo dia de la inauguració de la Secció catalana» (1885).

Etimologia de *barret* — Diminutiu del llatí *birrus*, 'mena de capa curta', mot d'origen cèltic, probablement ja existent com a diminutiu en aquesta llengua, *birritto*, tenint en compte que *-itto* és sufix de probable origen cèltic.

34 / 100

QUI CANTA ELS SEUS MALS ESPANTA

La música sempre ha tingut fama d'apaivagar les ires i els ànims encesos, ja sigui d'animals —*La música amanseix les feres*— com de les persones si ho apliquem en sentit figurat.

La música ens acompanya pertot i avui és ben usual mantenir una música de fons mentre ens ocupem d'altres activitats, o escoltar-ne amb diferents reproductors mentre ens desplacem amb molt diversos mitjans, mentre som a la cuina preparant els àpats o, fins i tot, mentre estudiem o fem qualsevol altra cosa.

De fet la música omple el buit del silenci. No és un contrari exacte, però són absolutament incompatibles. I el silenci sovint genera diverses sensacions i pors en les persones, que una bona música fa desaparèixer o apaivagar.

També diem que *Cantant, cantant, les penes se'n van* i, encara, que *L'alegria allarga la vida* i que *Riure és la millor medecina*, relacionant l'estat d'ànim del cant amb l'alegria i el riure. En definitiva, aquest refrany vol dir que davant les adversitats cal conservar la presència d'ànim i humor. I ara que parlem d'humor, humorísticament hi ha qui l'acaba dient: *Qui canta els seus mals espanta i fa mal de cap al qui l'aguanta* (o *als altres*).

En castellà també ho diuen: *Quien canta sus males* (o *su mal*) *espanta*.

El cant coral intenta ser una eina de sensibilització, de formació individual i de formació per a qui ho escolti. A partir d'aquest concepte, crec que tenim el deure, l'obligació moral de fer que aquesta eina sigui la millor possible. Potser en un determinat moment el més important era cantar, per allò de **«qui canta, els seus mals espanta»**, i calia cantar en català. Però jo diria que ara, en aquests moments, no n'hi ha prou de cantar. Cal cantar bé, tan bé com es pugui, i s'hi ha de posar un gran esforç.

ORIOL MARTORELL entrevistat per Zeneida Sardà, «Reivindicació del silenci» (*Serra d'Or*, abril de 1984)

Riure francament, cantar sense complexos: heus ací dues manifestacions simpàtiques de bonhomia que lamentablement han desaparegut i que, precisament aleshores, en aquells anys difícils de la postguerra, eren ben freqüents. Pot semblar sorprenent a primera vista, però, si hi aprofundim una mica, arribarem a la conclusió que aquelles exterioritzacions de joia eren segurament la compensació, la vàlvula de desfogament o el contrapès, de tants patiments i sordidesa. Ras i curt, és allò que tan sàviament resumeix la dita: **«Qui canta els seus mals espanta»**.

JOAN ESTEVE I BLASI, *La Campana: memòria d'una taverna de Gràcia* (Barcelona: Publicacions de l'Abadia de Montserrat, 2000)

Vots: 55 (4,56%)

Qui canta els seus mals espanta és un CD doble realitzat amb motiu del desè aniversari del cicle Solc, música i tradició al Lluçanès (2004). *Qui canta sos mals espanta* és un llibre de cançons infantils de Daniel Codina amb il·lustracions de Pau Estrada (1989). *Cantant, cantant, les penes se'n van* és el títol d'un disc de Xesco Boix.

Etimologia d'*espantar* — Del llatí vulgar *expaventare*, derivat d'*expavere*, 'témer', derivat també de *pavere*, mateix significat; en català antic tenim també *espaventar*.

35 / 100

QUI NO TÉ CAP HA DE TENIR CAMES

Qui no s'ha oblidat mai alguna cosa i ha hagut de fer marxa enrere per anar a cercar-la? Segur que és la dita que va inspirar aquell vell anunci del nen que s'oblida de posar un esmorzar ben concret a la cartera d'anar a escola: *¡Anda, los Donuts!*

Evidentment, el cap del proverbi es refereix a la memòria, a l'oblit de les coses. De fet, una variant recurrent n'és *Qui no té memòria ha de tenir cames*. I amb el pas dels anys, a mesura que prenem edat, aquests oblits són més recurrents i ja és llàstima perquè molt sovint les cames *també* fan figa! Són molt usuals els refranys i les frases fetes referides a parts del cos humà. Per proximitat referencial (ho tenim *a mà*) i per la vinculació de determinades parts del cos amb sentits, allò que ens posa en contacte amb el món: els ulls relacionats amb el sentit de la vista, la boca amb el sentit del gust, la mà amb el sentit del tacte, el nas amb el sentit de l'olfacte, etc.

En castellà diuen: *A mala memoria, buenos pies* o *Quien no tenga cabeza, que tenga pies*. En francès diuen: *Quand on n'a pas une bonne tête, il faut avoir de bonnes jambes*, i en italià: *Chi non ha testa abbia gambe.*

En llatí ja deien els antics romans que *Pedibus compensanda est memoria* ('Pels peus és compensada la memòria').

> Encara no hem caminat cinc minuts que trobem una mena de collet d'on surt, de cara avall, un petit corriol que baixa dret com una mala cosa. En un cartellet de fusta, penjat de qualsevol manera en un arbre, s'hi pot llegir: «Canal del Roc». La veritat és que, després de mirar-nos-ho bé, no ens fa cap gràcia baixar per aquell pas tan inclinat, i continuem camí enllà en direcció a la creu. I quina creu, Senyor!

Un centenar de metres més enllà trobem un lloc similar al que hem deixat. D'aquí no en baixa cap mena de camí, però veiem davant nostre la Mola i, per la situació on es troba, tenim la convicció que el baixador ens l'hem deixat enrere. A recular s'ha dit, que això és un costum ben freqüent entre els qui anem desmemoriats per la muntanya, i ja diu el refrany que **qui no té memòria ha de tenir cames**.

JOSEP M. SUGRANYES, *Itineraris viscuts per les comarques meridionals* (Valls: Cossetània, 2002)

Vots: 53 (4,40%)

Etimologia de *cama* — Del llatí vulgar *camba*, mateix significat, d'origen incert, potser preromà.

36 / 100

QUI VULGUI PEIX QUE ES MULLI EL CUL

Ho podem dir més finament (*Qui peix vol menjar la roba s'ha de mullar* o *Qui vulgui peixet que es mulli la panxeta*), però totes serveixen per expressar que qui vol alguna cosa s'ha d'esforçar per aconseguir-la. Ha de posar-hi una miqueta de la seva part. Com és sabut, el poble català és un poble amb una important tradició escatològica que sovint s'ha volgut bandejar dels registres escrits, però en determinats casos, com el que ens ocupa, això ha perviscut amb força.

Perquè és ben clar que *Qui no sembra no agavella* o *Qui no s'arrisca no pisca*, que és justament el refrany següent. I ja és ben curiós que dos refranys de significat idèntic hagin obtingut pràcticament el mateix nombre de vots i apareguin consecutivament en aquest rànquing de refranys més populars.

En castellà també ho diuen gairebé de la mateixa manera: *Quien quiere peces, que se moje el culo* o *Quien truchas ha de pescar, las bragas se ha de mojar* (tot i que segurament la variant més comuna és *Quien algo quiere, algo le cuesta*), mentre que en francès l'animaló amb què expressen aquesta mateixa idea és un altre: *Qui veut du miel, souffre l'abeille* ('Qui vulgui mel, que pateixi l'abella'). En anglès tenim els coneguts *No pain, no gain* ('No hi ha guany sense dolor') i *You can't make an omelette without breaking eggs* ('No es pot fer una truita sense trencar ous').

Josep M. Sugranyes, a *Garbellada de refranys*, diu que aquesta expressió ha donat peu a relacionar el fet de 'mullar-se' amb voler aconseguir alguna cosa. També diu que l'origen prové de l'art de la pesca, sobretot de riu, en la qual es dóna per segur que cal ficar-se a l'aigua per pescar.

> Mentrestant la Nuri i jo no ens hi vèiem de cap ull amb el frenesí de la Festa del Llibre, que jo sempre he considerat la festa més idiota que hi hagi hagut mai al món. Ens en vam sortir que a les 26 principals i més cèntriques llibreries fossin molt ben exhibits els 26 cartells amb el vostre *ratratu* i la cinta de les 4 barres amb PREMI SANT JORDI imprès a sobre. El cartell quedava vistosíssim. Ja haureu vist que la 3ª edició també va amb una «cinta catalana». Tot plegat va ser molt remarcat i aplaudit, com ja era previsible; el que no era gaire previsible era la reacció dels *agentes de la autoridad*. Sortosament no han dit ni piu. És ben bé allò de «qui no risca no pisca» que diuen els pescadors ben parlats (els qui no ho són tant, diuen **«qui vulgui peix que es mulli el cul»**). Arriscàvem, i és just que en toquem el premi. Ha estat un èxit.
>
> JOAN SALES, carta a Mercè Rodoreda, 24.04.1967, dins *Cartes completes (1960-1983)* (Barcelona: Club Editor, 2008)

Vots: 51 (4,23%)

Etimologia de *peix* — Del llatí *piscis*, mateix significat. Altres mots que comparteixen la mateixa arrel són *pescar*, *empescar-se*, *repesca* i *piscina*.

37 / 100

QUI NO S'ARRISCA NO PISCA

Aquest és un refrany que convida a l'audàcia i a posar en joc o en perill la còmoda seguretat per aconseguir una bona recompensa. El sentit i les equivalències, per tant, són molt semblants als que vèiem en el refrany anterior.

En castellà diuen que *Quien no se arriesga, no pesca* o bé *Quien no se aventura, no pasa la mar*.

Diu Antoni Llull Martí a *Reflexions sobre la saviesa dels proverbis* (1994):

> [...] curiosa expressió que inclou una forma no catalana, com si fos un temps d'un suposat verb *piscar*, inexistent en la nostra llengua. En un principi vaig pensar que devia tractar-se de 'pescar' modificat humorísticament per fer-lo rimar amb la precedent forma verbal, fins que vaig descobrir que hi ha un refrany pràcticament idèntic en sard, *Qui non arriscat non piscat*, llengua en la qual *pescar* es diu *piscare*, i això em fa pensar que segurament deguérem importar aquesta dita de Sardenya. En italià en tenen un de semblant, però amb altres mots: *Chi non risica, non rosica* ('Qui no s'arrisca no rosega'), és a dir no menja. En castellà diuen que *Quien no se aventura no anda a caballo ni a mula*; en italià, que *Chi guarda ogni nuvolo non fa mai viaggio* ('Qui mira als núvols no fa cap viatge'), i en francès, *Qui prend garde à chaque nuage, ne fait jamais voyage*.

La intuïció d'Antoni Llull és bona, atès que *piscar* prové del llatí 'piscare', d'on arribaria al català, al sard i a la resta de llengües romàniques.

> D'altra banda, la decisió a la qual m'enfrontava era massa important per prendre-la de cop i volta, sobretot després d'haver-nos empassat tres ampolles de Rioja i un parell de Torres 10. Li vaig demanar que m'ho deixés rumiar una mica.

> —Només faltaria! Pren-te el teu temps. Però recorda el que deia la mare: **qui no s'arrisca...**
> —...**no pisca**. Sí, me'n recordo. I tant, que me'n recordo!
> Pensar en la mare ens va entristir, i durant una estona ens vam quedar callats. Em vaig adonar que al Borja li brillaven els ulls i a mi també va estar a punt de relliscar-me una llàgrima.
>
> TERESA SOLANA, *Un crim imperfecte* (Barcelona: Edicions 62, 2006)

Vots: 48 (3,98%)

Qui no s'arrisca...: joguina en un acte i en vers (1876) és una breu peça teatral de Joan Manuel Casademunt (Barcelona, 1851-1937).

Etimologia de *piscar* — Alteració de *pescar*, del llatí *piscare*, mateix significat. *Piscar* vol dir 'pellucar; prendre a miques, en petites quantitats, d'un menjar'.

38 / 100

LA GUINEU QUAN NO LES POT HAVER DIU QUE SÓN VERDES

Hi ha un llarg seguit de proverbis que provenen de la tradició de les faules d'Isop. Acostumen a ser proverbis amb ensenyaments morals i sovint protagonitzats per animals.

Les faules eren contes en què els animals, personificats, proposaven ensenyaments morals amb caràcter sentenciós. Habitualment acabaven amb un vers (o refrany), que és el que ha sobreviscut en aquestes sentències proverbials.

La faula de la guineu i el raïm parla d'una guineu que veu uns gotims penjant d'una parra i, com que no els pot abastar, es conforma tot dient: «El raïm és verd». És ben curiós que referint-nos al raïm, el refrany digui que són *verdes*, en femení, perquè no hi ha cap dubte que la faula d'Isop fa referència al raïm, que és masculí, no pas a figues ni magranes, ni cap altre fruit de gènere femení. Una possible explicació d'aquesta incongruència és que el proverbi ens hagi arribat a través del castellà, on *uvas* és femení i *verde(s)* és idèntic en masculí i femení, a diferència del català (*verd*, *verda*).

Una altra possibilitat és que la faula ens hagi arribat a través d'alguna variant on en lloc de raïm la guineu cobegi una altra fruita, com ara les cireres. Sebastià Farnés, a *Paremiologia catalana comparada*, recull una narració que va aparèixer a *Excursions*, el noticiari mensual de la Secció d'Excursions de l'Ateneu Enciclopèdic Popular:

> Diuen les històries de quan les bèsties parlaven que una guineu, un dia, era ja a més de mitja tarda que encara estava ben dejuna, rastrejant d'ací i d'allà, no trobava enlloc caça ni vianda per fer-se passar la gana. Va veure aleshores un cirerer, se'l queda mirant amb la boca badada, i la fruita rogenca que per entre les menudetes fulles penjava en abundor va incitar-li un fort desig de menjar-ne.

Però amb les urpes no hi arribava. Pega un salt per un costat, dóna un brinco per un altre, mes tot era endebades. Els branquillons li oferien sobre seu els raïmets de cireres mig negroses ja de tan madures i la famejant guineu no trobava manera d'abastar-les. Quina situació més trista, més desesperada! Veient, per últim, que eren inútils tots els seus esforços per heure les cobejades cireres, la guineu digué amb to despectiu i veu sorollosa: —Bah... no en vull pas menjar. Són verdes.

L'actitud de la guineu és una mostra del que en psicologia es coneix com la *dissonància cognitiva*. Això passa quan algú s'enfronta a dues idees o actituds contràries o incompatibles; per resoldre el conflicte i superar el malestar que li causa aquesta tensió, una opció és crear una nova idea que modifiqui alguna de les anteriors. La guineu té fam i menjaria de bon grat el raïm, però com que no el pot abastar, per tranquil·litzar la seva consciència vol creure que és verd i que per tant no convé menjar-ne. Si comprem un llevataps d'oferta i al cap d'una setmana se'ns trenca, en lloc d'assumir que ens han aixecat la camisa (la qual cosa ens generaria malestar) podem raonar: potser és que l'hem fet servir d'una manera incorrecta o massa brusca i per això l'hem trencat. Molt sovint ens empesquem explicacions una mica rocambolesques per tal de reduir aquestes tensions.

—Anem, home! Déu nos en guard! Això no és per a tu ni per a mi. Diners, diners, que donen dinar! Amb un pergamí podries enquadernar un llibre.

En Foix no volgué discutir-ho, planyent-se interiorment d'aquella mesquinesa de mires. «Ja se sap: **la guineu, quan no les pot haver, diu que són verdes**». És el consol dels petits. També algun temps ell se n'havia rigut, dels pergamins: el veia tan lluny, tan lluny de la mà, que somiar amb abastar-ne un era ximpleria.

NARCÍS OLLER, *La febre d'or* I (Barcelona: Edicions 62, 1980 [1891])

Hem de veure quins punts forts tenim i quins de febles, que són molts. Ara els faré una dissecció poc habitual de Catalunya. Comencem per dalt de tot. Primer punt: la Caixa. Catalunya, és la Caixa? No només la Caixa. Per sota de la Caixa, què tenim? Doncs, la Caixa de Catalunya. És a dir, tenim una gran feblesa financera. Ja sé que hi ha qui diu que és igual que això estigui en mans catalanes o no, però pensant-ho bé no és igual. No cal que fem com aquell que **«com que no les pot haver diu que són verdes»**, perquè no és igual. En això hi notem rapidíssimament la nostra feblesa financera de conseqüències molt greus.

JORDI PUJOL, *Paraules del President de la Generalitat, gener-desembre 1999* (Barcelona: Departament de la Presidència, 2000)

Vots: 48 (3,98%)

Etimologia de *guineu* — D'un nom evocador d'astúcia i traïdoria, segurament del germànic *Winidhild*, que no casualment correspon al de la muller de Guifre el Pilós de Barcelona, comarca on s'usa *guineu* (la forma *guilla* vindria també del germànic *Wisila*, *Wisilo*).

39 / 100

AL JULIOL, NI DONA NI CARGOL

Perquè fa massa calor. Massa calor per tenir relacions amb la dona i massa calor perquè surti el cargol, que, a més, surt després de les bones pluges i al juliol no sovintegen. Ni una cosa ni l'altra no és recomanable, doncs, de la mateixa manera que no ho són el porc ni el sol: *Pel juliol, ni porc ni sol*. La realitat és que durant els mesos d'estiu la feina del camp és molt dura i necessària i convé no distreure-se'n.

Aquest és el sentit recte d'aquest refrany relatiu al camp. Té moltíssimes variants i afegits. Alguns ho fan extensiu a l'agost, per bé que la segona quinzena d'agost acostuma a tenir un clima molt menys canicular que el juliol, *Agost i juliol, ni dona ni cargol*. I alguns ho allarguen però pel juny: *Juny i juliol, ni col ni caragol*. Evidentment el temps i la calor estiuenca no són iguals a tots els indrets i cadascú adapta el refrany al seu gust, a les seves necessitats i realitat. I, per si queden dubtes, allarguem-ho a tot l'estiu: *Juny, juliol i agost, ni dona ni col ni most*. A l'estiu, a causa de la calor, les relacions amb les dones poden ser massa caloroses, la col necessita fresca per ser tendra i el most no arriba fins a final d'estiu. Però us voleu curar en salut de veritat? Doncs, *Maig, juny, juliol i agost, ni cargol, ni dones ni most*. I hi podem trobar sovint alguns eufemismes que intenten amagar el veritable sentit del refrany: *Al juliol, ni cuca ni cargol*.

Qualsevol que en sigui l'origen, Amades apunta que, segons la tradició, va ser justament i exactament un 5 de juny que Eva va temptar Adam. Per això es creu que des d'aquesta data i durant un període de tres mesos els plaers carnals porten males conseqüències morals i perjudiquen seriosament la salut. També Amades ens recorda que és norma general de molts pobles l'abstinència de certs menjars, el dejuni i, sobretot, la castedat en temps de collita i replega de fruits i dons de la terra. I per això, molt cortesament diuen: *Juny, juliol i agost, senyora, no estic amb vós*.

També hi ha el refrany que es cura en salut, acceptant allò establert, però deixant entreveure la voluntat real: *Al juliol ni dona ni caragol, però caragol i dona tot l'any és bona*. En què quedem? Ja és ben cert allò que *El cap ordena, però el cor mana*. I, si no, *Tants caps, tants barrets!*

En entorns mariners, hi afegeixen el peix, que sembla que tampoc no és bon mes per pescar-ne: *En juliol, ni peix, ni dona, ni cargol.*

Un xicot de la vall Fosca feia temps que festejava amb una noia de Montsor, un poble encastellat dalt d'una roca, prop de Collegats. Fet i dit, quan els joves es van haver decidit i els pares es van haver posat d'acord en la qüestió dels capítols, es van trobar al cor de l'estiu, en plena sega. **«Al juliol, ni dona ni caragol»**, aconsella el refranyer, volent dir que quan s'escut el blat s'ha d'anar per feina i no es pot pensar en carallades. A pesar de tot, les famílies van acordar la boda. Es casarien en diumenge per no haver de perdre un dia més de feina.

PEP COLL, «D'acabadures», dins *Muntanyes Maleïdes* (Barcelona: Empúries, 2002 [1993])

Vots: 46 (3,82%)

Etimologia de *juliol* — Del llatí *julius*, mes en memòria de Juli Cèsar, que donà l'antic *juyl*, transformat en *jullol/juyol* per evitar la confusió fonètica amb *juny* i, per reacció cultista, en la forma actual.

40 / 100

QUAN EL MONTGÓ PORTA CAPELL, PICA ESPART I FES CORDELL

Aquesta dita meteorològica, molt popular i estesa pels dominis de la llengua, pot ser referida a una munió inacabable de muntanyes d'alçada relativament petita. El sentit que ens transmet és clar: quan els núvols cobreixen el cim d'aquestes muntanyes (és en aquesta situació que es diu que 'fan' o 'porten capell'), millor dedicar-se al que sigui, però sempre sota cobert, perquè l'anunci de pluja és clar. Picar espart i fer cordell eren feinetes de manteniment habituals a pagès. Com que eren tasques d'anar fent, s'aprofitava per entretenir-s'hi els dies que no es podia anar al camp a treballar.

Aquests núvols baixos que apareixen al cim de molt diverses muntanyes de tot el nostre territori, són indici de pluja. A banda de capell, aquests núvols també reben altres noms, com ara *mantellina*, *caputxa*, *barret* o *cella*. Així trobem que ho diuen a Aubenç i Turp (*Quan Aubenç porta capa i Turp barret, no et descuidis el paraigüet*), a l'Alt Pirineu, a Bèrnia i el Puigcampana (*Quan Bèrnia fila i el Puigcampana té capell, pica espart i fes cordell*), a la Marina Baixa, i podríem seguir amb Benicadell, Carroi, Catllar, Corbera, Corberana, Galatzó, Ifac, Mandúver, Mariola, Matamon, Mont Caro, Montalt, Montjuïc, Montmell, Montsant, Montseny, Montserrat, Montsià, Murta, Pipa, Salou, Sant Cristòbol, Segària, Taga, Toro, etc.

Joan Coromines, en *El parlar de la Vall d'Aran*, acota una mica la zona on s'esdevé aquest fenomen i n'explica l'origen i el significat: «Al llarg del litoral català hi ha també molts cims dels quals es diuen frases sentencioses ben paral·leles: el Montgó de Dénia, alguns del Principat i de cap a la Plana de Castelló; i en un de la Marina d'Alacant, p. ex. "quan Ponotx porta capell / pica espart i fes cordell" (igual en el Montgó, el Picaio, etc.), car en aqueixa zona costera els núvols de ponent anuncien pluja, i el pagès que vol treballar farà bé de dedicar-se a fer cordes o xarxes, car altrament no podrà pas llaurar.»

Hi ha un refrany genèric per indicar el mateix: *Boira a la muntanya, pastor a la cabanya*, que en castellà fa *Nieblas en alto, aguas en bajo*.

> La tarda es feia dolça i suau. En la llunyania es veia el Montsant, amb una ampla cortina de núvols al damunt. Un soldat, natural de Rasquera, digué, contemplant-ho, el següent adagi: **«Si el Montsant porta capell, no et fios d'ell»**.
>
> JOAN PERUCHO, *Les històries naturals* (Barcelona: Edicions 62, 1983 [1960])

> Ara anaven cap a Vinaròs i veien allà enfront la muntanya del Montsià. Tomeu els explicava que el Montsià és l'última estribació de la serralada catalana de la costa i té també la seua dita: **«Si Montsià porta capell, pica espart i fes cordell...»**.
>
> MARC ANTONI ADELL, *Rodant, rodant* (València: Carena, 1999)

Vots: 45 (3,73%)

Etimologia de *cordell*, variant de *cordill* — De *corda*, del llatí *chorda*, 'fil cilíndric d'un instrument musical; soga', i aquest, del grec χορδή, 'tripa; corda musical'.

41 / 100

A SANTS I A MINYONS NO ELS PROMETIS SI NO ELS DONS

Ja diuen que *Prometre no fa pobre*, perquè una promesa no sempre esdevé un fet real. I si no que ho preguntin als polítics... perquè ja sabem que *De prometre a complir, hi ha molt a dir*. De la mateixa manera, però en sentit contrari, també la saviesa del poble afirma que *Demanar no fa pobre*.

El refranyer amb aquesta dita ens vol ensenyar que la paraula és la paraula i les promeses s'han de complir. I més quan han estat fetes a infants, els més amatents a reclamar-ne el compliment. Una petita variant consisteix en un canvi de conjuncions: *A sants i a minyons, no els prometis que no els dons*, on el 'que' fa la mateixa funció que el 'si'.

Els més crèduls, segons el refranyer, són els infants (minyons) i els sants, als quals no s'ha de prometre res sense la intenció de fer-ho realitat.

En castellà ho expressen amb aquesta dita: *Ni al niño el bollo, ni al santo el voto*.

I posats a prometre, podem *Prometre el món i la mona*, *la lluna en un cove*, o *l'oro i el moro*, que *Prometre no és donar* i *Prometre és com una veta, que dura fins que peta*.

I ja sabeu: *Qui promet, s'obliga*. En francès: *Chose promise, chose dûe*; en castellà: *Lo prometido es deuda*, i en anglès: *Promises are mean to be kept*.

> Espanya ha instaurat el vot femení per voluntat dels que creien que el podrien mediatitzar impunement o escamotejar-lo per mitjà de la por quan els convingués, però la dona catalana —**a sants i a minyons, no els prometis que no els dons**—, la dona de Catalunya —ignoro el que haurà succeït fora d'ací—, ha sabut demostrar que si li havien atribuït el dret de sufragi se'n possessionava plenament, i que no en cedirà mai l'usdefruit a ningú ni se'n deixarà desposseir.
>
> EDUARD GIRBAL, *La Veu de Catalunya*, 25 de novembre de 1933

> Al meu parer, havia volgut dir-nos alguna cosa sobre l'ofici de mestre, una mena d'elogi de la importància d'ensenyar als minyons —l'àvia sempre deia que siguéssim bons minyons i a vegades es referia a l'estudi com l'escola de minyons, i el vicari-mestre repetia que **«a sants i a minyons no els prometis si no els dons»** però ningú més deia aquesta paraula—, i em va semblar que potser volia establir una continuïtat entre la seva tasca i la del mestre que ocuparia el seu lloc el curs vinent...
>
> EMILI TEIXIDOR, *Pa negre* (Barcelona: Columna, 2003)

Vots: 45 (3,73%)

A sants i a minyons... és una breu peça teatral en un acte i en vers de Jaume Capdevila (Amposta, 1852 – Barcelona, 1911), actor i dramaturg, escrita el 1886 i publicada pòstumament el 1914.

Etimologia de *minyó* — D'una base romànica *minnione* o *minione*, amb una arrel *min-* de creació expressiva del sentit de 'petit, graciós, bufó', comú a diversos grups de llengües.

42 / 100

CARRERS MULLATS, CALAIXOS EIXUTS

Aquesta dita expressa perfectament l'esperit comercial del poble català, l'esperit del senyor Esteve de la botiga de vetesifils: quan plou, la gent no surt de casa i les botigues, per tant, no fan negoci. Com diu Isabel Gimeno en *El llibre dels refranys catalans* (Barcelona: De Vecchi, 1989), «Per a la gent de ciutat, en canvi, la pluja representa una incomoditat; per aquesta raó, els que haurien de sortir al carrer per anar a treballar acostumen a fer el ronsa i mig abandonen la seva feina, la qual cosa suposa una pèrdua de diners o guanys».

Aquests carrers esdevenen 'banyats', com és normal en els parlars de les Illes o del País Valencià, mentre que al Principat són carrers 'molls' o 'mullats'. És per això que els meteoròlegs no poden dir alegrement que fa bo o que fa mal temps, perquè aquell temps que a uns aprofita (els venedors de paraigües o d'impermeables), per a d'altres és una veritable desgràcia.

> L'Úrsula camina amb tantes presses entre la gentada del carrer de Pelai, que xoca amb un turista que badava contemplant l'edifici de la universitat, això sí, aixoplugat sota un paraigua, i estigué a punt d'ensopegar-hi i caure prop del voral; esquivà dos nens i una dona que duia amb dificultat dues pesades bosses de compra i, finalment, exhausta i mullada, arriba a l'apartament dels seus néts. Abans, però, caminant pel lluminós barri comercial, ha entrat en una botiga perquè ha vist a l'aparador un objecte bonic i pràctic, que servirà als nois. «Vés a saber com viuen» —pensa—. No hi havia cap comprador. Deu ser veritat aquella dita: **«carrers mullats, calaixos eixuts»**.
>
> MONTSERRAT ANGUERA, *La Celi* (Barcelona: Publicacions de l'Abadia de Montserrat, 2009)

> Recordo prou bé que, quan jo era notari de Ponts, la meva primera notaria, m'esperava amb candeletes el dimecres, precisament perquè era el dia del mercat setmanal i, per tant, quan la gent de la comarca hi feia cap.
>
> Sempre que no plogués, perquè aleshores la gent no es movia de casa i, com deia Josep Pinós, el propietari de l'immoble del carrer de Vilanova on jo tenia instal·lat el despatx:
>
> —Senyor notari, **carrers mullats, calaixos eixuts**.
>
> JOSEP M. PUIG SALELLAS, *Història difícil de quatre dones* (Barcelona: Edicions 62, 2008)

Vots: 43 (3,57%)

Etimologia de *carrer* — Del llatí (*camminus*) *carrarius*, 'camí per a carros'.

43 / 100

VAL MÉS BOIG CONEGUT QUE SAVI PER CONÈIXER

Hi ha molts proverbis que ens aboquen a la por i al conformisme: alerta!, que el que vingui no sigui pitjor que el que tenim. Amb aquesta filosofia potser de via estreta, en aquest cas el refranyer ens vol fer ser conformistes amb les persones que ens envolten per por que les que puguin substituir-les no siguin pitjors. Qui no ho ha aplicat mai a un company de feina, a la parella, a un veí enutjós o a un candidat que es presenta a les eleccions?

Recomana malfiar-se dels desconeguts (quants anys han de passar perquè un nouvingut deixi de ser tractat com a foraster en un poble petit?) o avala la inconveniència dels canvis.

El refranyer tot sovint transmet aquests missatges subliminals negatius que van directes al subconscient i que marquen el nostre tarannà. Cal anar amb compte amb aquests missatges que son autèntiques bombes de rellotgeria i que pretenen condicionar-nos des de la por i la malfiança.

Això no és exclusiu del català, sinó cosa de tots els pobles i, amb ells, de totes les llengües. Segur que coneixeu frases equivalents en moltes altres llengües, com per exemple, en castellà, *Más vale malo conocido que bueno por conocer*; en francès, *Mieux vaut un mal connu qu'un bonheur incertain* ('Més val un mal conegut que una felicitat incerta'), o en anglès, *Better the devil you known than the devil you don't know* ('És millor el dimoni que coneixes que el que no coneixes'). No com a equivalent idèntic, però des d'un vessant més religiós, en castellà també diuen: *Virgencita, que me quede como estoy*.

> Un dels problemes del discurs de Laporta és que subratlla que vol governar, «no decidir qui governa»: si l'home s'acontentés amb un partit frontissa, d'aquells que completen l'opció de govern d'un altre partit nacional —sigui Convergència, sigui Esquerra—, tothom l'estaria aplaudint a hores d'ara, perquè no se li fa un lleig a un possible aliat. La gent tendeix a votar el **boig conegut**, que li forneix una certa confiança: ja sabem més o menys què fan.
>
> PATRÍCIA GABANCHO, *Joan Laporta. De la presidència del Barça al Palau de la Generalitat* (Barcelona: Columna, 2010)

> Amb els llavis premuts amb força, Beatriu sabia que no diria res per no posar Eva en evidència, ella que sempre tenia present la llei no escrita de la funció pública que deia que s'havia d'aprendre a operar amb el personal destinat per l'administració a cada unitat. Si hagués arribat el cas, Beatriu hauria defensat l'immobilisme amb allò del **«val més boig conegut que savi per conèixer»** i hauria donat el tema per tancat.
>
> ANTÒNIA CARRÉ-PONS, *Jo també vull ser funcionari* (Barcelona: Proa, 2010)

Vots: 42 (3,49%)

«Boig conegut» és un tema d'Orna que apareix al seu disc *Música normal* (Produccions Garrafals, 2008).

Etimologia de *savi* — D'un llatí vulgar *sabius*, del llatí tardà *sapidus*, 'que té gust; prudent', derivat de *sapere*, 'tenir gust'.

44 / 100

QUI NO PLORA NO MAMA

Aconsella la insistència si es vol aconseguir alguna cosa. Ja ho diuen, que el món és dels pesats. En castellà també diuen, *Quien no llora, no mama.*

De vegades cal demanar les coses, insistir-hi, perquè qui ens assegura que qui sent la nostra petició ens ha entès o que ha entès que realment volem allò que demanem? Per això en castellà també diuen: *No dan sino a quien pide* o *A quien calla, no le dan nada*. En francès diuen: *Qui ne demande rien, n'a rien* ('Qui no demana res, no té res') i en anglès: *The squeaky wheel gets the grease* ('La roda que grinyola és la que untem amb oli'). I ja hem esmentat al refrany 41 que *Demanar no fa pobre.*

Podríem relacionar aquest proverbi amb un de molt més antic i de sentit religiós: *Boca que no parla, Déu no l'ou* ('no la sent'), que expressa la necessitat de la pregària i de demanar amb claredat. En castellà diuen: *Boca que no habla, Dios no la oye.*

Ja sabem també que *De demanar, res es perd* i que, quan hem de demanar, *el 'no' ja el tenim*. I que, posats a demanar, rai... podem *Demanar la lluna en un cove*. Però, en castellà, es curen en salut i ja avisen que *Contra el vicio de pedir, la virtud de no dar*. Potser per això les coses ens van com ens van en els estira-i-arronses entre l'Estat central i les autonomies.

> Vaig canviar de cotxe per mirar d'estalviar. Encara devia dos anys de l'altre, però el deute ja era el mateix que el que valora el Blue Book d'aquí; o sigui que, després de sis hores de negociacions i de posar-me duríssima, vaig aconseguir canviar-lo sense haver d'afegir ni un centau més. Ells paguen tot el deute del meu i jo he reduït una mica la despesa mensual. També estalvio benzina, perquè aquest és

> un quatre cilindres i l'altre en tenia sis. I, sobretot, condueixo amb més tranquil·litat, sabent que està en garantia, que l'altre ja no ho estava. Em van dir que era molt dura de pelar, és clar, a la força, si no et pengen i **qui no plora no mama**. Cap al juny toca la segona tongada d'implants dentals i he d'avançar el pagament de l'altra meitat i ficar-me en un finançament; tal com pinten les coses, he de mirar de treure d'allà on pugui...
>
> JULIÀ DE JÒDAR, *La pastoral catalana* (Barcelona: Proa, 2010)

Vots: 42 (3,49%)

Qui no plora no mama és el títol d'un disc de la banda d'Ulldecona Pepet i Marieta (La Produktiva, 2010).

Etimologia de *mamar* — Del llatí tardà *mammare*, 'donar mamar', de *mamma*, 'mare' i 'mamella'.

45 / 100

BARCELONA ÉS BONA SI LA BOSSA SONA

Quan demanem una dita tòpica sobre Barcelona, podem posar la mà al foc que la gran majoria de persones instruïdes i amb un xic de barcelonitat ens diran aquesta, més o menys llarga, amb més o menys afegits. És el millor eslògan de la ciutat, repetit arreu des de fa anys i panys. Potser per això n'hi ha que diuen que *A Barcelona fins els gossos porten rellotge*.

Normalment aquesta dita es completa dient: ...*i tant si sona com si no sona, Barcelona és bona*. Amades diu que és atribuïda als genovesos i als pisans. Els primers proclamaven les virtuts de la ciutat; però els segons, que no podien vendre al nostre mercat la terrissa que duien, objectaven que només era bona si la bossa sonava.

Tira d'en Sísif, de Jordi Soler, publicada a *El Punt Avui* el 27 d'octubre de 2011

Què vol dir exactament la dita? Doncs que si vas a Barcelona amb diners (si la bossa sona), Barcelona és un lloc d'oportunitats, negoci i oci. I els barcelonins s'afanyen a recordar que, soni o no soni la bossa, Barcelona sempre és igual de bona.

En un sentit més genèric, no només aplicable a Barcelona, sinó a qualsevol gran ciutat, s'usa per posar de manifest que per conèixer i gaudir d'una ciutat gran, convé anar-hi amb les butxaques plenes.

Josep Pla, en un article del 1944, «...si la bossa sona», recollit al volum 45 de la seva Obra Completa, ofereix una visió ben peculiar d'aquest mercantilisme barceloní:

> Els forasters venim a Barcelona a no avorrir-nos i entrem i sortim de les botigues. [...] Tots ens convertim, en arribar a Barcelona, i per una fotesa qualsevol, en compradors de tota mena d'objectes. I la meva idea és aquesta: mentre comprem ens divertim, però en realitat el que fem és evitar, amb el nostre optimisme, que el botiguer recaigui en un estat de depressió i d'avorriment. Ens divertim, sí, però quedem amb la butxaca ben escurada. [...] I és que hi ha, probablement, dues concepcions de l'avorriment: el nostre és un avorriment que es paga; el dels barcelonins és un avorriment que es cobra. Aquests guanyen sempre; nosaltres paguem sistemàticament. Els barcelonins no poden en cap cas tolerar que passem una mala estona, i així ens fan el favor d'anar presentant-nos els seus honorables comptes, cosa que notòriament els diverteix. I nosaltres, al crit de pagant seràs feliç, sempre estem disposats a amenitzar la vida dels barcelonins, En realitat, ens completem graciosament.

El policia era un bon coneixedor; agafà els bitllets amb displicència i se'ls va ficar a la butxaca.

—Li faig aquest favor perquè és estranger. Sempre van una mica perduts. Vostè és català, oi?

—Sí.

—Ho he conegut de seguida. Abans d'entrar a la policia, vaig treballar dos anys amb un senyor de Terrassa. Sé parlar una mica en català...

«Ara et dirà *allò*», pensà en Deltell. I, en efecte, mentre sacsejava la cama per engegar la moto, l'oficial digué:

—**Barcelona és bona si la bossa sona!**

> Per força, sentint-se una mica imbècil a causa d'un ritual indefugible, completà la frase:
>
> —Barcelona és bona, **tant si sona com si no sona!**
>
> «Quina cosa més bèstia!», murmurà. Però va somriure, mentre l'agent s'allunyava sorollosament, tot fent-li un gest cordial amb el braç. Van acabar de descarregar el camió, amb les presses motivades per la por que no es presentés un altre motorista.
>
> PERE CALDERS, *L'ombra de l'atzavara* (Barcelona: Selecta, 1964)

Vots: 41 (3,40%)

Barcelona és bona (1990) és el nom de l'únic disc en català enregistrat per Àngel Guardiola, cantant de pasdobles del Segrià. També és un dels temes del disc *Quan arriba la cigonya* (1962), del trompetista Rudy Ventura.

Etimologia de *bossa* — Del llatí *bursa*, i aquest del grec βύρσα, 'pell, cuir'.

46 / 100

S'ATRAPA ABANS UN MENTIDER QUE UN COIX

Aquest proverbi ens acosta a la tradició fabulista, concretament a la faula de la tortuga i la llebre.

I ara que parlem de llebres, us heu fixat que la majoria de proverbis de la nostra tradició parlen de llebres i no pas de conills? Feu memòria!

Actualment el conill s'ha estès i ha tingut una familiarització molt més gran que la llebre, que anava molt vinculada al món de la caça, un món que també ha esdevingut residual en la societat actual i que només ha perdurat com un esport de seguiment desigual i mai majoritari. L'un ha esdevingut de granja (el conill), l'altra ha romàs lliure i salvatge (la llebre). Estic segur que si ara mateix naixessin refranys i proverbis referits a aquests animals de camp, guanyarien de llarg els referits al conill.

Tornant al refrany que ens ocupa, ens prevé que la mentida acaba sorgint, més aviat d'hora que tard, i que per això *És més fàcil enganxar* (o *atrapar*) *un mentider en una mentida, que agafar un coix que fuig*.

En castellà recorren a la mateixa forma paremiològica: *Antes se coge al mentiroso* (o *al embustero*) *que al cojo*, i també ho expressen amb un proverbi sentenciós: *Las mentiras se descubren pronto*.

La coixesa és símptoma de lentitud. Per això hi ha altres refranys que hi fan referència i podem sentir, per exemple, que *Les males notícies arriben volant, les bones coixejant*. En canvi quan ens referim que s'ha de *pagar a peu coix*, contràriament, estem demanant que es satisfaci el préstec al més aviat possible. Segons Amades, ens remet a un antic costum jurídic, pel qual, quan es condemnava algú a pagar a peu coix, l'algutzir o el botxí feia al voltant del castigat un cercle a terra amb un bastó i el deutor no en podia sortir fins que havia satisfet el deute.

Vaig començar a inventar excuses mentides sobre la marxa: que si havíem sentit lladrar Xispa, que si pensàvem que devia passar alguna cosa, que per això havíem entrat...

—Heu sentit Xispa? Però si Xispa ha arribat fa uns minuts. Estava amb mi!

—Ah! Eh? Sí! Bé... —ja ho diu ma tia, que **primer s'agafa un mentider que un coix**.

—No hauríeu d'estar a l'acadèmia, els dos? —ens va dir tot seriós.

—Sí, nosaltres, és que...

Bernat tenia raó, ens havíem saltat l'acadèmia. La mare en assabentar-se em pegaria un bon espolsó. Xus, la mestra de repàs, segur que ja li ho havia dit. Desastre total! Però no volia pensar-hi. Encara que ma mare em bonegara per no haver assistit a les classes de repàs, el motiu s'ho valia.

PEP CASTELLANO, *Bernat, un científic enamorat* (Alzira: Bromera, 2010)

Dues hores després, una altra amiga recorda també al Facebook que **s'atrapa abans un mentider que un coix**. Ai, segur que n'hi ha passat alguna. M'explica per mail que ha estat víctima d'unes mentides descarades, d'aquelles que no es poden sostenir gaire temps sense que t'enxampin. Voldria tranquil·litzar-la: es veu a venir que la veritat s'acabarà imposant. Surarà com l'oli per damunt de l'aigua. Les mentides no arriben mai a velles.

EVA PIQUER, «La veritat té raó» (*Avui*, 26 de juliol de 2010)

Vots: 40 (3,32%)

«El mentider i el coix» és una peça teatral breu de Josep Vallverdú recollida a *El vent del teatre* (Barcelona: La Galera, 2001).

Etimologia d'*atrapar* — De *trapa*, 'tanca d'una obertura feta en un sostre o a terra', d'una arrel *trapp-* o *tramp-*, d'origen onomatopeic.

47 / 100

HOME CASAT, BURRO ESPATLLAT

Josep Pons Lluch, al *Refranyer menorquí* (1993), en dóna una definició aproximada: «Vol dir que els compromisos que contreu l'home quan es casa l'impossibiliten normalment de la llibertat que disfrutava quan era fadrí». Evidentment el matrimoni, aquest vincle d'unió familiar que cada cop sovinteja menys, comporta un seguit d'obligacions i càrregues que són difícilment compatibles amb l'estil habitual i tolerat entre fadrins.

El refranyer usa diverses variants per fer esment d'aquesta situació, encara que l'animal de comparació és sempre el ruc (també anomenat *ase* o *burro*, segons les contrades).

En castellà ho diuen d'una manera més escatològica: *Te casaste, la cagaste.*

Isabel Gimeno, en *El llibre dels refranys catalans* (1989), insisteix en aquesta comparació entre l'home i el burro: «Caracteritza l'ase l'obligació de portar càrregues feixugues sense protestar. La comparació d'aquest animal amb l'home casat és molt eloqüent, perquè l'"animalitza". La paraula *burro* també significa 'estúpid, que obra irracionalment'».

> Però és que encara trac foc pels queixals quan em ve a la memòria la mala vida que em va donar els primers anys de casada... No s'hi valia!, a tota hora amb el «pàmfila» a la boca per escarnir-me!... El dia que me la van presentar ja la vaig filar molt ben filada, que, gràcies a ella —que els tenia a ratlla a tots—, les meues filles no tenen cap record de la meua sogra, ni tan sols l'adreç amb què es va casar!... El seu refrany preferit era **«Home casat, burro espatlat»**, i cada vegada que podia me'l fregava pels morros amb una mala bava que esmussava i

> el seu etern somriure a mitges... No em vull posar cap pedra al fetge revivint-ho, però continua sense cabre'm al cap..., era com si no em perdonaren que els haguera furtat el seu criat particular, perquè això només va ser el meu home per a elles dos...
>
> ENCARNA SANT-CELONI I VERGER, *Al cor, la quimereta* (València: Tabarca, 2002)

Vots: 39 (3,24%)

Home casat... burro espatllat: extravagància en un acte (1900) és una peça teatral breu del comediògraf Salvador Bonavia i Flores (Barcelona, 1876-1925).

Etimologia de *casar* — De *casa*, per la idea de 'dur la núvia a casa' o de 'fundar una casa', per influx probablement de l'aragonès o del castellà.

48 / 100

DE PONENT, NI VENT NI GENT

Si tot refrany sol rabejar-se en un tòpic, de la mena que sigui, aquest és potser un dels més recalcitrants, coneguts i típics: equipara fenòmens meteorològics (el temut vent de ponent) amb persones basant-se en els punts cardinals.

Per tant aquesta dita tòpica ens prevé dels vents de ponent, que acostumen a venir acompanyats de pluja, i alhora de les persones de les terres que s'estenen més enllà de les fronteres de la parla catalana. Per això, alguna variant del refrany hi afegeix encara el matrimoni com a fet a evitar en aquestes condicions: *De ponent, ni vent, ni gent, ni casament*.

En alguns casos extremen aquesta mala fama de les coses que vénen d'occident tot dient: *De ponent, ni bon vent, ni bona gent*. En portuguès, sense la referència a ponent, ens trobem amb aquest refrany de sentit equivalent: *De Espanha, não bon vento, não bon casamento* ('D'Espanya, ni bon vent, ni bon casament').

Com dèiem, els vents es perceben de diferent manera als diversos llocs on arriben, en funció de la seva influència en el temps meteorològic. Una altra dita relacionada amb aquesta, una mica més extensa, ens en dóna pistes: *El vent de ponent / té una tia a llevant, / se n'hi va rient / i en torna plorant*.

Em va divertir l'article, perquè afegia llenya al foc de greuges que el nostre poble, escaldat, dedica al ponent. Des de menuts, tots hem sentit a dir que el ponent no porta res de bo. Tenim una por cerval a la calor sufocant quan, en estiu, ens anuncien uns dies de ponent. I hem vist patir l'espant dels llauradors quan el vent els toca la butxaca. «Vent de ponent marceix la collita, vent de ponent la força debilita», crec que deia mon pare. Hi ha un fum de refranys que confirmen la mala fama d'aquest vent i, en general, de totes les maldats que ens arriben d'occident. Com ara: **«De ponent, ni aigua ni vent»**. I el famós: «Quan el mal ve d'Almansa, a tots alcança». Potser, per això, el mot *ponent* no es fa servir massa de reclam publicitari. No crec que ningú hi haja pensat per a posar-lo de capçalera d'un diari o de nom d'un club de futbol.

SALVADOR VENDRELL, «Ponent» (*Levante*, 20 de desembre de 2004)

Vots: 39 (3,24%)

Etimologia de *gent* — Del llatí *gens, gentis*, 'raça, família, habitants d'un lloc'. Altres mots comparteixen aquest mateix origen: *agençar, gendarme, gentil, genealogia*...

49 / 100

QUI LA FA, LA PAGA

Sentència de ressons jurídics: tota mala acció té el seu càstig. Encara que prou sabem que no sempre és així i que sovint *paguen justos per pecadors*.

Seguint per la via de justos i pecadors, de bons i dolents, Antoni Llull Martí, en les seves *Reflexions sobre la saviesa dels proverbis* (1994), ens presenta un antic proverbi llatí relacionat amb aquest tema:

> El poeta llatí, siríac de naixement, Publius Syrus, que en el segle I abans de Crist havia estat duit com a esclau a Roma, on aconseguí la llibertat i arribà a convertir-se en un personatge cèlebre, deixà escrit entre una sèrie de màximes morals que *Bonis nocet quisquis pepercerit malis*, és a dir, que perjudica als bons aquell qui beneficia els dolents. Aquesta dita llatina ha estat traduïda o adaptada a moltes llengües. En castellà diuen que *Ofensa hace a los buenos el que a los malos perdona* i en anglès que *He that spares the bad, injures the good*. Diuen també els anglesos que *Law cannot persuade where it cannot punish* ('La llei no pot persuadir allà on no pot castigar'), cosa prou lògica però que avui dia és qüestionada.

El refrany anglès més comú en aquest sentit, però, és segurament *If you do the crime, do the time* (o, inversament, *Don't do the crime if you can't do the time*), on *time* fa referència al temps que haurem de passar a la garjola si transgredim la llei.

Sembla, doncs, interessant el tema encetat que la justícia ha de prevaldre per salvaguardar els bons i honestos.

> En Romaní havia muntat un xou força intel·ligent: el dormissò al cafè, els plats rentats, la injecció de barbitúrics, la nota a la màquina d'escriure. I jo, pobre de mi, li hauria servit de testimoni de la seva innocència. Però l'havia espifiada en un detall: en sortir del pis havia

apagat tots els llums. ¿I com s'escriu una nota de suïcida en una màquina d'escriure amb els llums apagats? O com s'apaguen els llums un cop mort? Total, que en Romaní s'havia passat de llest. I és que, ja ho diu la dita, el crim perfecte no existeix... O **qui la fa la paga**.

JAUME FUSTER, «Fiat lux», dins *Les claus de vidre* (Barcelona: La Magrana, 1984)

Un pis alt des d'on fer talaia, la paraula *pèrit* a la punta de la llengua i un microscopi en cada retina per detectar la més lleu infracció i desenfundar l'arma de l'acusació sense presumpció d'innocència ni possibilitat de fiança: culpable, una nit al calabós i demà a la forca. **Qui la fa la paga**, i fins i tot qui la vol fer o només pensa de fer-la. Tothom és sospitós fins que es demostri el contrari, i si es demostra, ves que no sigui que qui ho demostra és sospitós de.

TINA VALLÈS, «El senyor Búnquer», dins *Un altre got d'absenta* (Barcelona: Labreu, 2012)

Vots: 38 (3,15%)

Qui la fa la paga és una novel·la negra de Damià Borràs (Barcelona: La Magrana, 1990). També és el títol d'un parell de comèdies escrites per Salvador Cort (1876) i Ramon Jofre (1905).

Etimologia de *pagar* — Del llatí *pacare*, 'pacificar; apaivagar; satisfer', derivat de *pax, pacis*, 'pau'.

50 / 100

CALDERA VELLA, BONY O FORAT

Aquest proverbi té un sentit figurat i fa referència al deteriorament i la vellesa de les persones, posant de manifest les diverses xacres que ens ocasiona el pas dels anys.

L'equivalent castellà, recollit en un diccionari de refranys català-castellà del 1831, diu: *Hombre viejo, saco de azares*, jugant també amb la figuració de la persona, en aquest cas comparant-la amb un sac. Si la comparació és amb un gos, trobem *A perro flaco, todo se le vuelven* (o *todo son pulgas*), de sentit aproximadament semblant. Per això potser no ens sobta trobar expressats aquests refranys d'una manera molt més directa: *A la vellesa, bony i forat* o *A la vellesa, bonys i berrugues*. I encara hi ha qui ho rebla associant la vellesa amb els forats i els bonys: *Caldera vella, bony i forat.*

En altres casos, per fer-lo més extensiu i més sentenciós, fa referència també al terrat: *Caldera vella o terrat, sempre té bony o forat*. I un terrat el podem adobar, però el pas del temps en les persones fa de mal apedaçar.

> Sempre vaig pensar que, si em faltés l'Enriqueta, tornaria amb l'Encarnacion, però... L'Encarnacion d'avui no és ni sombra de lo que fue, s'ha convertit en un sac de gemecs carregat de malures i que només sap parlar d'operacions i de metges. Pobra Encarnacion, és llei de vida: **caldera vella, bony o forat**. Ja té un peu en lo que més por ens fot a tots, la decrepitud. Tan tocada i posada que semblaves descendenta de marquesos... Roseret de roses blanques, qui ens ho havia de dir!, tan amics com érem antes i ara ens hem de veure així.
>
> RAMON SOLSONA, *L'home de la maleta* (Barcelona: Proa, 2011)

> Després de la malaltia de l'any passat, m'he pogut organitzar la vida fent tot el treball a casa, sense anar a l'oficina. Com que allò que més em perjudica és l'agitació i l'esforç físic, aquest hivern l'he passat millor. Ara és la vista que em neguiteja, segons aquella fórmula de **«caldera vella, bony o forat»**.
>
> LLUÍS NICOLAU D'OLWER, carta a Joan Coromines, 19.02.1958, dins *Epistolari Joan Coromines & Joan Sales* (Sant Pol de Mar: Fundació Pere Coromines, 2004)

Vots: 37 (3,07%)

«Bony o forat» és un tema del grup Trilla, al disc *Folk sense clofolla* (2010).

Etimologia de *bony* — D'origen incert, possiblement preromà, resultat de l'encreuament d'una arrel protohispànica, *bunno-*, 'protuberància', i una altra d'indoeuropea, *monnio-*, 'coll, turó'.

51 / 100

DE MÉS VERDES EN MADUREN

Proverbi d'una gran força de concentració, aquesta expressió dóna a entendre que certes coses que a primer cop d'ull semblen improbables encara pot ser que s'esdevinguin. Ens remet a un ús figurat d'un procés habitual en el camp: la maduració dels fruits més diversos. En castellà fan servir altres referents, com ara *De menos nos hizo Dios* o *Torres más altas han caído*.

Semblantment, diem *De verdes i de madures* per referir-nos a coses de variades característiques. I quan diem que algú ha d'*estar a les verdes i a les madures*, diem que ha d'estar preparat per a qualsevol situació o circumstància. I quan algú *n'ha vistes de verdes i de madures*, ens referim al fet que n'ha vistes de tots colors, de tota mena. Encara, si dos o més discuteixen llargament ho expressem dient *Que si són verdes, que si són madures*, allò que en castellà dirien *Que si patatín, que si patatán*.

També hi ha un altre refrany que diu que *Entre la fruita verda i la madura, es posa malalta la criatura*, referit al període comprès entre les dues Pasqües.

> —I ara què fas? Què heu fet amb lo pis?
>
> —De moment hi visc jo, ella se n'ha anat amb son pare i sa mare. Encara hem de decidir com mos apariem amb la hipoteca. Potser em faré càrrec de la seua part, potser serà ella qui se l'acabarà quedant o potser mos el vendrem i encara vindré a viure aquí, al poble. No se sap mai, **de més verdes en maduren**.
>
> IGNASI REVÉS, *Oli en un llum* (Juneda: Fonoll, 2008)

Com també deuen saber els nostres lectors, en Francesc Pujols ha fundat una nova religió. Doncs bé, el *Manual d'Hiparxiologia* compendiat per Josep Pla els farà conèixer aquesta religió, que, com la d'August Comte, es basa en les ciències positives. En Pujols creu que la conciliació de la religió i la ciència no ha estat possible fins ara perquè, segles enrere, com volíeu conciliar-les, si la ignorància, àdhuc la dels savis, era tan gran? Ara que, és la seva, la religió que en Pujols ha conciliat amb la ciència. El fet que sigui una religió pura, és a dir, neta de moral i de sanció, fa creure al seu autor que tindrà una gran difusió. Fóra insensat de fer averanys sobre aquest punt. **De més verdes n'han madurat**.

JUST CABOT, *Indignacions i provocacions*, a cura de Valentí Soler (Barcelona: Edicions 62, 1992)

Vots: 36 (2,99%)

De més verdes se'n maduren (1926) és una obra del dramaturg Rafel Gayano i Lluch (València, 1890-1954). *De més verdes en maduren* (1970) és una comèdia en tres actes de la dramaturga Assumpta Gonzàlez i Cubertorer (Borriana, Plana Baixa, 1917 – Barcelona, 2003). També és el títol d'un quartet de corda d'Eduard Iniesta (2004).

Etimologia de *verd* — Del llatí *viridis*, mateix significat. Hi ha alguns noms d'ocell formats a partir de la mateixa arrel, com ara verdaleta (*Cisticola juncidis*), verdaula (*Emberiza cirlus*), verderol o verdum (*Carduelis chloris*) i verdosa o verderola (*Emberiza citrinella*).

52 / 100

EL MÉS CALENT ÉS A L'AIGÜERA

Aquesta expressió, que no mereix potser amb tota propietat el nom de refrany, resumeix, sense necessitar gaires explicacions, que, de tots els preparatius necessaris per a una cosa o un projecte, tot són encara pures idees i no hi ha res a punt: tot està per fer. Indica que una cosa que ja hauria d'estar enllestida encara navega als llimbs i no s'ha ni començat. En castellà diuen que *Todo está por hacer*.

Irònicament, com apunta el *Diccionari català-valencià-balear*, en algunes comarques aquesta expressió també s'usa parlant d'una casa on no cuinen. I parlant de cuinar, del que es fa en una casa portes endins, el refranyer ens diu que *De la cuina, en ve la ruïna* i que *El que t'has de menjar, tu mateix ho has de cuinar*. Perquè ja se sap que, *Gasta-ho en cuina i no pas en farmàcia*, que *La millor medecina, la de la cuina*.

Josep M. Sugranyes, a *Garbellada de refranys*, diu que «Aquesta frase era emprada per les mestresses de casa per dir als homes que arribaven afamats a la llar, o als parents i amics barruts que es presentaven amb la pretensió de dinar sense haver estat convidats, que del menjar encara n'hi havia per temps o que no n'hi havia. Figuradament indica que res no és fet o que no hi ha res a punt.»

Com apunta Joaquim Pomares al *Diccionari del català popular i d'argot* (Edicions 62, 1997), el terme *aigüera* té unes connotacions sexuals implícites en expressions com ara *tenir l'aigüera embussada* (l'home), referit a un home impotent, de manera que quan diem que *el més calent és a l'aigüera*, per extensió del significat, podríem referir-nos també al fet que no estem preparats sexualment.

En una disposició final aquesta Llei [la Llei del patrimoni cultural aragonès de 1999] fins i tot prometia una «llei de llengües d'Aragó» que regularia la cooficialitat del català (i l'aragonès). Ara bé, tot i que fa uns quants anys va circular un esborrany de Llei de llengües d'Aragó, la veritat és que a l'època que escrivíem això [hivern de 2006] **el més calent encara era a l'aigüera**. Per això pot anar bé la Carta europea de llengües regionals o minoritàries. El fet és que l'any 2005 el Comitè d'Experts que avalua l'aplicació de la Carta per part dels estats va fer una bona estirada d'orelles a Espanya per la qüestió del català a l'Aragó.

ALBERT BRANCHADELL, *L'aventura del català. De les «Homilies d'Organyà» al nou Estatut* (Barcelona: L'Esfera dels Llibres, 2006)

En Pau comença a escalfar-se, però no bada boca. Fa una hora que són a la cua, pregunta a un dels funcionaris (jove, negre, nord-americà) que els controla si és correcte fer aquesta cua, perquè el seu vol ha de sortir a les dues i vint, són tres quarts de dues tocades, i **el més calent és a l'aigüera**. L'home se'l mira amb posat de cretinàs, com si en Pau fos una merda, i li acaba dient que sí, que aquesta és la cua correcta, i que cal respectar-la.

JULIÀ DE JÒDAR, *La pastoral catalana* (Barcelona: Proa, 2010)

Vots: 35 (2,90%)

Etimologia d'*aigüera* — Primerament tingué el sentit de 'claveguera' (s. XIII) i més tard de 'lloc de rentar la vaixella' (s. XVI), del llatí *aquaria*, 'portadora d'aigua', 'recipient per tenir aigua', d'*aqua*, 'aigua'.

53 / 100

QUI VA AMB UN COIX, AL CAP DE L'ANY HO SÓN TOTS DOS

Es fa referència a la coixesa per explicar que el contacte amb determinades actituds o persones fa que a la llarga se'ns encomanin les seves limitacions o defectes, encara que sabem positivament que la coixesa no és pas un mal contagiós! Per això diuen: *Qui d'un coix s'acompanya, al cap de l'any en són dos*. De la dita cal subratllar-ne la sintaxi, estranya però ben entenedora. En castellà també ho diuen: *Quien con cojo anda, aunque cojo no sea, al mes renquea*, i també fan servir altres referents comparatius, com ara *La manzana podrida pierde a su compañía*. Sembla clar, doncs, que no és recomanable sovintejar les males companyies.

És un proverbi molt estès a tot el domini lingüístic i per això ens ha arribat amb moltes variants formals: *Qui pren un coix per company, coixeja al cap de l'any*, *Qui s'ajunta amb un coix, a l'any coix i mig* o *Qui s'ajunta amb un coixo, acaba coixo i mig*. En aquest punt també és curiós de remarcar que una pila de mals han mantingut una terminació en *-o* de les que la normativa més aviat ens fa allunyar: *coixo*, *cego*, *manco*...

Podem suposar que el refranyer es fixa en la coixesa perquè és un defecte ben visible i evident. Per això hi carrega les tintes quan ha de fer referència a un mal que pren o pot prendre algú. En aquesta mateixa línia, però amb un altre sentit, hi ha un altre refrany que recomana no donar cobertura a les murmuracions: *Qui té mans no digui lladre, qui té peus no digui coix* i que, en certa manera ens recorda la dita bíblica: *Qui estigui lliure de pecat, que tiri la primera pedra*.

> Mai no s'arrepleguen que no s'assemblin,
> tot són molles d'un mateix tall.
> Van tots plegats d'un lloc a un altre,
> fan el mateix perquè pensen igual.
>
> Són representants del llop ferotge,
> nosaltres caputxetes amb cistells de pa.
> Canvien de cara per passar l'estona,
> però si et distreus et mosseguen la mà.
>
> Saben nadar i guardar la roba,
> poden encantar-te amb els seus jocs de mans.
> Però baixa ja del núvol quan es faci fosc,
> perquè **qui va amb un coix, al cap de l'any són dos**.
>
> J.M. BAULE, «Qui va amb un coix...», al disc *Poemes dins el marge d'un límit* (Folkway Records, 2005)

> A mi em feien molta llàstima, però com sabia prou que **qui va amb un coix al cap de l'any és coix com ell**, volia estalviar al Marquès, a sa Il·lustríssima i a tota sa plèiade caritativa, lo gran sentiment que haurien tingut al saber que se m'era encomanada la trista malaltia. Per altra banda, tampoc volia posar-me en perill, puix és sentència eterna qui ama lo perill en ell cau.
>
> JACINT VERDAGUER, *En defensa pròpia* (Barcelona: La Magrana, 1994 [1895])

Vots: 35 (2,90%)

Etimologia de *coix* — Del llatí vulgar *coxus*, mateix significat, relacionat per etimologia popular amb *coxa*, 'anca' (d'on prové el mot *cuixa*).

54 / 100

TANTA ROBA I TAN POC SABÓ!

Aquesta dita es fa servir per indicar que allò que ens demanen comporta molta feina i tenim (o ens donen) pocs mitjans per executar-la.

És d'aquelles frases amb una llarga tradició i extensió d'ús, que la trobem amb diversos repicons o afegitons, depèn del lloc i de qui la digui. Així, no és fàcil que algú l'allargui dient: *Ai, senyor!, tanta roba i tan poc sabó i tan neta que la volen* (o *i tan neta que la vol el senyor rector*), *i tan bruta que la tenen, i sense picador* (que és la pala que servia per estovar la roba i facilitar-ne la neteja).

L'origen de l'expressió ve de quan les bugaderes anaven a rentar per les cases i segur que en moltes els exigien molta blancor, però estalviant tant sabó com podien. Si no hi havia prou sabó, l'esforç que havia de fer la bugadera per deixar la roba neta era més gran, com passa en moltes altres feines.

Però l'habitual era que la feina de rentar la roba es fes als safareigs públics que hi havia en tants pobles i ciutats. Allà neix l'expressió *trencar el glaç*, com explica Pau Vidal a *En perill d'extinció* (2005):

> En llocs de terra endins com ara Vall-de-roures o Vallbona de les Monges a l'hivern hi fa un fred que pela. Quan, de bon matí, la primera bugadera baixava amb el cove ple de roba es trobava el safareig públic cobert amb una lleugera capa de glaç, atès que l'aigua hi és gairebé estanca. Rompent, doncs, aquesta capa superficial no tan sols donava inici a la feina, sinó també a la xerrameca amb les altres bugaderes que anaven arribant, activitat que caracteritza l'ofici i d'on va prendre origen l'expressió en qüestió.

Tanta roba i tan poc sabó, i tan neta que la volen! Tots hem sentit aquesta dita en alguna de les seves múltiples variants. Sembla que el seu origen està en les queixes de les bugaderes que, des del segle XVIII fins entrat el XX, treballaven rentant la roba de les famílies benestants de Barcelona, un ofici que estava especialment arrelat entre les dones d'Horta. L'abundància d'aigua a la zona és l'explicació del desenvolupament que va arribar a tenir aquesta indústria.

ÀLEX FIGUERAS, «Al carrer d'Aiguafreda» (*El Punt*, 5 de febrer de 2011)

Mas també ha parlat de les retallades posades en marxa en aquests mesos. Segons ha explicat, l'objectiu de les retallades és «evitar que ens passi el mateix que ha passat a Grècia», una situació que ha definit com «magra». «A mi no m'aplaudeixen per les cantonades», ha reconegut Mas, que ha insistit que les retallades són doloroses però necessàries. «L'alternativa quina és? Seguir endeutant-nos?», s'ha preguntat Mas. Segons el president, **«hi ha molta roba, poc sabó i encara la volen neta tota»**.

«Mas: 'Espanya vol Catalunya dòcil i pagana'» (*Ara*, 22 de juliol de 2011)

Vots: 35 (2,90%)

Molta roba i poc sabó... i tan neta que la volen és el títol del recull de narracions amb què es va donar a conèixer Montserrat Roig l'any 1971, després de guanyar el premi Víctor Català l'any anterior.

Etimologia de *roba* — Derivat de *robar* amb el sentit primitiu de 'botí', especialitzat després en un dels seus principals components, la 'roba, els draps de vestir'.

55 / 100

PAGANT, SANT PERE CANTA

Invocació a un apòstol de l'Església catòlica i sintètica afirmació que ve a dir que amb diners tot s'acaba arreglant, per més difícil que sembli. També diuen que *Pagant, a Girona fan barrets* o que *Pagant, al botxí fan roba*. Molts oficis que no faríem d'entrada, si ens prometen una bona compensació els farem sense discutir.

En castellà destaquen més el fet que amb diners s'aconsegueix tot i diuen que *Poderoso caballero es Don Dinero* o que *Dádivas quebrantan peñas*. També hi ha un antic proverbi castellà, de sentit semblant, que fa *Por dinero baila el can, y por pan si se lo dan*. I en anglès, un clàssic: *Money talks*.

Pensant en diners, no són gaire lluny de la sentència aquests versos de fra Anselm Turmeda, *Elogi dels diners*, que Raimon va musicar: «Diners de tort fan veritat / e de jutge fan advocat [...] Diners alegren los infants / e fan cantar los capellans / e los frares carmelitans / a les grans festes.»

Sembla que la base de l'expressió es troba en la negació de Pere, recollida en el Nou Testament (Mateu, 26,69), fent un creuament entre les tres negacions de l'apòstol abans que cantés el gall, encara que no hi arribem d'una manera clara i entenedora. Segons Salvador Alsius en *Hem perdut l'oremus* (La Campana, 1998), «té el seu origen en l'avidesa de diners atribuïda en altres temps a certs estaments eclesials».

Hi ha una resposta per a aquesta expressió, recurs molt típic en tantes sentències. Així, qui escolta pot respondre: *I sant Joan fa esclops*. Ens en dóna més detalls Joan Amades a *Refranys personals* (1935), que relaciona la dita amb sant Pere i la negació de Jesús per tres cops abans que cantés el gall i que pondera la gran força del diner, per mitjà del qual tot és possible i planer. Diu Amades: «Aquest refrany té origen en la tradició bíblica de la negació de sant Pere i vol venir a suposar que davant el diner no tan sols el vell apòstol no s'hauria dolgut que cantés el gall, sinó que àdhuc hauria cantat ell mateix; o sigui, que pel diner ell, com Judes, no hauria refusat negar i com Judes àdhuc vendre el seu mestre.»

Molt sovint d'una dita o refrany no en sabem l'origen. És difícil saber quan i què va provocar que nasqués una expressió determinada. De vegades no sabem qui és el personatge que ha esdevingut proverbial (cas del Bernat de la taula homònima o de la Joana d'*El temps passa i la Joana balla*). I moltes vegades només tenim algunes explicacions ben trobades, inversemblants i que ens fan arrufar el nas. Hi ha frases fetes amb mitja dotzena d'explicacions, com *semblar Can Seixanta*. Quina més absurda i quina més meravellosa. Els experts diuen que probablement cap de les explicacions que ens ha arribat és la veritable. Però és l'únic que tenim i així ho expliquem.

> Seria fantàstic
> que anés equivocat
> i que el wàter no fos ocupat.
> Que fes un bon dia
> i que ens fes bon pes.
> Que **sant Pere, pagant, no cantés**.
> Seria fantàstic
> que res no fos urgent.
> No passar mai de llarg i servir per quelcom.
> Anar per la vida sense compliments
> anomenant les coses pel seu nom.
> Cobrar en espècies i sentir-se ben tractat
> i pixar-se de riure i fer volar
> coloms.
>
> JOAN MANUEL SERRAT, «Seria fantàstic», dins el disc *Fa 20 anys que tinc 20 anys* (Ariola, 1984)

> A propòsit de preu. Qui es vulgui estalviar aquest infern domèstic sempre té la possibilitat d'encolomar-l'hi a un altre, que per alguna cosa la societat de consum, amatent a les necessitats dels seus consumats, s'ha empescat aquest invent dels Happy Parks. Ja se sap que **pagant sant Pere canta** i la puericultora aguanta. Ara, aneu-vos calçant per la tarifa...
>
> PAU VIDAL, *El parevostre: manual per combatre la descendència* (Barcelona: La Magrana, 2000)

Vots: 35 (2,90%)

«Pagant Sant Pere canta» és una composició del mestre Arnau Proubasta que a mitjans dels anys noranta va ser adoptada com a himne de la SGAE.

Etimologia de *cantar* — Del llatí *cantare*, 'cantar habitualment', derivat freqüentatiu de *canere*, 'cantar'.

56 / 100

NO DEIXES LES SENDES VELLES PER LES NOVELLES

És un proverbi que no convida a l'aventura ni a l'emprenedoria. És un fre a les innovacions i demana precaució davant d'allò que encara no s'ha experimentat prou. Ens remet directament al refrany que trobàvem en la posició 43, *Val més boig conegut que savi per conèixer*, que demana conformisme en les relacions personals, assegurar un pas abans de fer-ne un altre. En castellà també diuen *Más vale malo conocido que bueno por conocer.*

Quiets, doncs, per no empitjorar!

El refranyer és ple de missatges sinistres com aquest, que ens conviden a l'immobilisme. No ens arrisquem a un futur millor per por que no hi sortim perdent. En l'àmbit de la paremiologia psicològica, que estudia els missatges subliminals que rep directament el subconscient, és dels missatges més negatius que podem enviar al nostre cervell: immobilisme i por. En el fons ens està dient que *No deixis el segur per l'insegur* o *No deixis el que has guanyat per allò que has de guanyar*, *Val més un té que dos et daré* o *Més val un ocell en la mà que cent volant*, uns altres proverbis equivalents al que ens ocupa i amb un mateix missatge de prevenció pel risc i pel nou.

Segons recull la *Gran Enciclopèdia Catalana*, a la Segarra, dos pobles veïns han donat una expressió de valor equivalent: Torrefeta i Castellserà. El nom de Torrefeta deriva del llatí *turre fracta*, o sigui 'torre trencada o fendida', grafiat en els primers temps també *Torrefeyta* i *Torresfeta*, etimologia que no ha impedit que la gent hi veiés el participi passat de *fer*, i així és com hom fa servir la dita *Més val Torrefeta que Castellserà*.

I és un proverbi ben antic, amb referències a camins rals i carreteres abans que dreceres, encara que la drecera amagui aquell sentit d'escurçar trajectes i facilitar les coses. Així podem trobar *No deixis la carretera per la drecera* o *Por ningún tempero dejes el camino real por el sendero.*

És un proverbi usat sobretot al País Valencià, ja que tots els participants que l'han esmentat són valencians, tret d'un informant de les Illes.

—No tingueu por i agafeu la senda que us dic.

L'Andreu, que quasi sempre era prou crèdul i manejable, estava a punt d'abandonar el camí vell, que no havia perdut. Vertaderament, donà les gràcies i féu més de deu minuts per la senda desconeguda; però, de sobte, es pegà palmada enmig del front, es detingué i va dir a mitja veu:

—Els consells! Si Guillem m'ha dit que **no deixe les sendes velles per les novelles!**

I a poc a poc, tapant-se dels pins i de la xara abundosa, per por que no el veés el llaurador que l'havia malencaminat, va tornar al camí vell que menava a Albaida.

ENRIC VALOR, «El darrer consell», dins *Rondalles valencianes* 8 (Picanya: Edicions del Bullent, 1999)

Vots: 34 (2,82%)

Etimologia de *deixar* — Del llatí *laxare*, 'afluixar', derivat de *laxus*, 'fluix', que donà l'antic *leixar*, alterat probablement per la preposició *de*, freqüent en construccions amb aquest verb.

57 / 100

NO VOLS CALDO? DUES TASSES!

Amb aquesta expressió ens referim a l'abundància d'una cosa no desitjada. *Caldo, brou, sopa... Dues tasses, tres tasses, tassa i mitja...* Diferents maneres i diferents mides d'aquesta abundor enutjosa i no volguda. El màxim exponent el trobem a Mallorca: *A qui no vol brou, set escudelles.*

Una lectura del proverbi ens pot abocar cap al conformisme: millor conformar-te amb el que tens, encara que et desagradi, no sigui cas que les coses empitjorin i en rebis en quantitats més grans. També s'aplica tot sovint en el sentit literal: si el nen no vol menjar una cosa, el pare o la mare li'n posa dos.

També la trobem en castellà amb equivalents idèntics: *A quien no le gusta el caldo, taza y media* o *Si no quieres sopa, toma dos platos* o *Si no quieres caldo, tres tazas llenas.* La variant italiana és una mica més genèrica, però amb el mateix significat: *Di quel che non si vuole, è pieno il piatto* ('D'allò que no se'n vol, n'és ple el plat').

L'extravagància arriba a les esferes institucionals que haurien de donar exemple de mesura. **No vols caldo? Tres tasses**. Aquest circ ofereix l'espectacle en sessió contínua. Ara ja és el Consell Valencià qui desviarà fons no pressupostats per garantir l'èxit de la manifestació convocada en favor de l'improbable, però electoralment convenient, pla hidrològic. A Madrid, el comandament suprem de la campanya de l'Àfrica, vull dir la campanya electoral, ha determinat que al País Valencià l'única causa serà el pla hidrològic.

MANUEL S. JARDÍ, «L'efecte Bahamonde» (*El Temps*, 4 de febrer de 2003)

> Hi ha coses que m'han sortit de l'ànima i necessitava dir-les, encara que vaig amb el fre de mà tota l'estona. El llibre és fruit d'una reacció a una crítica de la meva secció del diari. Un lector es queixava dient que a qui importava el que passava als meus fills, com si d'això no se'n pogués parlar. Doncs, **no vols caldo, dues tasses**. No ens n'hem d'amagar, que tenim criatures.
>
> EVA PIQUER entrevistada per Ada Castells (suplement Cultura de l'*Avui*, 18 de novembre de 2010)

Vots: 33 (2,74%)

Etimologia de *tassa* — De l'àrab *tássa*, 'escudella; tassa gran', i aquest, de l'irànic *tašta*, 'escudella'.

58 / 100

DIU EL MORT AL DEGOLLAT: QUI T'HA FET EIXE FORAT?

Aquesta dita es fa servir molt al País Valencià. Es diu al·ludint a algú que manifesta estranyesa d'una cosa de què ell mateix pateix o que recrimina un defecte que ell també té. En castellà ho expressen amb un altre refrany: *Espantóse la muerte de la degollada (cuando la vio tan desgreñada)*, recollit en un refranyer català-castellà del 1831, però que ja es troba al Quixot.

Amb imatges diferents, però cercant el mateix significat, trobem altres proverbis d'origen faulístic i amb ressò en la majoria de llengües: *Dijo el asno al mulo: 'Anda para allá, orejudo'*; *Il bue dice cornuto all'asino* ('El bou diu cornut a l'ase'); *Dijo el cuervo a la graja: 'Quítate allá, negra'*; *Dijo la sartén a la olla: ¡qué tiznada estás!*; *It's the pot calling the kettle black*.

El podríem relacionar amb aquell que diu que *Veiem la palla en l'ull dels altres, però no veiem la biga en el nostre*, que també trobem reproduït en altres llengües, com en castellà, *Vemos la paja en el ojo ajeno, y no vemos la viga en el nuestro*; en italià, *Si vede la scheggia nell'occhio altrui e non si vede la trave nel proprio*, o en francès, *Nous voyons la paille dans l'œil du voisin, mais nous ne voyons pas la poutre dans le nôtre*. O sigui, que els defectes en els altres són molt més vistosos que els propis, encara que siguin idèntics. Prové d'una cita bíblica, de l'Evangeli de Lluc (6,41). En català ja ho trobem recollit en Eiximenis, al seu llibre *Terç del Crestià* (1384): «Hipòcrita, gita la biga primerament del teu ull i pus gitaràs la busca de l'ull de ton proïsme.»

Cada llengua, però, acostuma a tenir els seus referents o les seves imatges. Així, sorprèn l'equivalent francès: *C'est la morte qui se moque de la décapitée* ('És la mort qui es riu de la decapitada').

També podem dir que *Cap geperut es veu el gep*, que en castellà és *Ningún jorobado ve su joroba*; en francès, *Le bossu ne voit sa bosse, mais il voit celle de son confrère*, i en italià, *Il gobbo non vede la sua gobba, ma quella del suo compagno*, o, *Deia la cassola al perol: aparta't, que em mascares*, que també trobem en castellà: *Dijo la sartén a la caldera: 'Quítate allá, ojinegra'* (o *culinegra*); italià, *La padella dice al paiuolo: 'Fatti in là che mi tingi'*, i en un format més proverbial: *Sovint l'hipòcrita et renya i ell fa el que no t'ensenya.*

Eugeni S. Reig recull a *Valencià en perill d'extinció* (2a ed., 2005) una cançoneta popular alcoiana que fa: *El corb li diu a la gralla: / «Fes-te arrere, que em mascares». / I la gralla li contesta: / «Més valdria que callares»*.

> El president de Múrcia, Ramón Luis Valcárcel, del PP, ben segur que no coneix la dita: **«Li diu el mort al degollat: qui t'ha fet eixe forat?»** Altrament no cometria segons quines imprudències. En una entrevista al diari amic *El Mundo*, Valcárcel acusa els socialistes d'haver actuat com a «carteristes hidràulics». Això ho diu el president de la regió que més causes judicials té obertes per espolis hídrics de tota classe. Amb la nòmina de patibularis que exhibeix el PP, aviat canonitzaran Alí Babà.
>
> *El Temps*, núm. 1102, 26 de juliol de 2006

Vots: 32 (2,66%)

Etimologia de *degollat* — De *degollar*, del llatí *decollare*, mateix significat, derivat de *collum*, 'coll'.

59 / 100

FEINA FETA NO FA DESTORB

Una màxima a favor de la diligència i contra la peresa o, com se'n diu avui, la *procrastinació* (terme popularitzat pel britànic Samuel Johnson, que ve del llatí *procrastinare*, 'posposar fins l'endemà', de la preposició *pro*, 'a favor de', i *crastinus*, 'de demà'), que, segons la Viquipèdia, «és l'acció o hàbit de deixar per a més endavant accions o activitats que s'han d'atendre per altres més irrellevants i agradables».

Recomana, doncs, no demorar les feines que puguem atendre de seguida. En castellà ho diuen amb un refrany molt conegut: *No dejes para mañana lo que puedas hacer hoy*, o també *Faena hecha no ocupa lugar*, parafrasejant aquella que diu que *El saber no ocupa lugar*. I en català també diem *Feina feta no fa nosa* i, amb un sentit molt positiu i optimista, *Feina començada és mig acabada*.

És una dita molt estesa arreu del territori i així ho demostra el fet que ens hagi arribat de participants a l'enquesta des de ben diversos racons del territori: l'Horta i la Ribera de València, Barcelonès, Osona, Vallès... Això sí: bàsicament d'informants del País Valencià i de la zona del català oriental del Principat de Catalunya. Potser per aquesta diversitat d'origen, hi ha molta variació o dubtes amb el verb que cal emprar-hi: *no* fa *destorb*, *no* hi ha *destorb*, *no* té *destorb*, *no* porta *destorb*...

A través dels informants del sud del País Valencià (Alcoi i Elx) ens n'arriba una altra versió, que podem interpretar ben diferentment: *Faena feta no corre pressa*.

Doncs això, *anem per feina*, que *Feina començada és mig acabada* i recordeu que *Bona feina no necessita nunci* i que *Els cansats fan la feina*. No fos cas que *Entre els uns i els altres, la feina per fer*. I *Qui no té feina el gat pentina* (el trobareu més amunt, al lloc 27).

—I la tercera condició?

La Maria em mirava i li veia una guspira encenent-se al fons dels ulls. Estava a punt d'afegir-se a les meves rialles:

—La tercera és que tu i jo, un cop casats, és clar, tinguem un fill. I el bategem, així com cal.

—Doncs mira, **feina feta no fa destorb**. Això ja ho tenim.

Ara jo havia parat de riure i ella estava molt seriosa. Però encara li veia la guspira. I cada vegada brillava més.

—I la criatura que neixi, el nostre fill en comú, si és una nena s'ha de dir Antigua.

—No!!!

SÍLVIA SOLER, *Una família fora de sèrie* (Barcelona: Columna, 2010)

La PsychoCandy li ha dit que havia vist l'encarregat al porxo, però en Jordi només hi troba convidats; cada vegada més, per cert. Com pot ser que hagin proliferat d'aquesta manera? I no en coneix ni la meitat.

Una dona consola un nen que plora sense miraments, la boca badada i els mocs com estalactites.

—Tu rai, que ja la tens casada. **Feina feta no fa destorb**.

És en Güibes amb la seva dona. Alts i ben plantats, potser no són feliços del tot, però com a mínim no sembla que es penedeixin d'haver-se conegut.

VICENÇ PAGÈS JORDÀ, *Els jugadors de whist* (Barcelona: Empúries, 2009)

Vots: 32 (2,66%)

Etimologia de *fer* — Del llatí *facere, factum*, pronunciat ràpidament *fáere* en llatí vulgar tardà pel seu caràcter quasi auxiliar, i més tard *faire*, d'on sortiria la forma catalana.

60 / 100

TIRA MÉS UN PÈL DE FIGA QUE UNA MAROMA DE BARCO

És la primera expressió més o menys malsonant, més o menys escatològica, que apareix en aquest recull derivat de l'estudi dels refranys facilitats pels informants del *Top ten* de refranys catalans. La parèmia expressa que tenen més força i poder de convicció els atractius del sexe (i específicament de la dona) que no pas la força suportada pel gros cap que manté lligat a port un vaixell.

Al costat de la tradició paremiològica «oficial», sempre hi ha hagut i hi haurà una viva tradició oral sobre aspectes més picants o escatològics que, generalment, s'han vist foragitats dels reculls escrits.

Cal recordar que el context social on neixen els refranys és una societat regida per un sentiment religiós molt arrelat i que aquest sentiment és compartit per bona part dels recopiladors posteriors de la paremiologia.

Per tot això, expressions malsonants i de caire picaresc han tingut una presència molt més incerta o velada en el refranyer i en la nostra tradició.

Però el poble català és un poble pagat d'aquest tipus d'expressions, que han trobat la manera de perviure i transmetre's, encara que fora dels canals habituals. I alguns han estat i són molt populars i han acabat apareixent tan vius com van néixer.

Aquesta expressió ha arribat amb diverses formes equivalents, algunes de més malsonants que altres. En aquesta, en concret, el pèl de figa és un eufemisme pel pèl de la zona genital de la dona. Altres casos, per exemple, *Tira* (o *estira*) *més un pèl de dona* (o *de figa*, o *de cony*) *que maroma de barco*, o *que quaranta* (o *cent*) *mules*, o *que un carro de palla*. En castellà, l'equivalent és amb una altra zona erògena femenina: *Tiran más un par de tetas que cien carretas*.

> De jove, sí, m'agradava quan algú em mirava. Però aleshores la gent era més polida, més ben educada. Ara s'ha perdut el respecte. La Mèlia diu que són manies meves. Què sap ella! Com que, a ella, no la mira ningú! Què més voldria! Que, de maca, no en té res, eh! No sé com rediantre va poder enredar en Paco. Ja se sap: **pot més un pèl de figa**... Però com triga aquesta estació! Què deu haver passat?
>
> ISABEL-CLARA SIMÓ, *És quan miro que hi veig clar* (Barcelona: Selecta, 1979)

Vots: 32 (2,66%)

Etimologia de *maroma* — Del castellà *maroma*, mateix significat, i aquest, de l'àrab vulgar *mabrûma*, íd.

61 / 100

ARRANCADA DE CAVALL, PARADA DE ROSSÍ

L'ase, com el porc, és una de les víctimes propiciatòries dels rumiaments populars i, naturalment, la seva presència en el refranyer podria ser objecte d'un repertori particular. Com sempre que ens trobem ases entremig, aquest sofert quadrúpede és anomenat, segons els llocs, d'una o altra manera, més o menys normativa, però sempre viva: *ruc, ase, burro, somera* les femelles... I el mateix passa amb els cavalls, rossins i matxos. Aquesta expressió s'usa per reprendre els que comencen una actuació amb molta empenta i a poc a poc es van desinflant.

També s'utilitza l'expressió *fer una entrada de cavall sicilià*, quan s'emprèn una acció amb molta empenta. I es pot acabar també amb l'*aturada de burro* o *de burro manxego*, com diu Esteve Busquets en *Els animals segons el poble* (Millà, 1987).

Majoritàriament, aquesta dita ens ha arribat del País Valencià (21 informants dels 30 que l'han esmentada).

Malgrat que la comparació més estesa és l'inici de cavall i final d'ase, en força casos també apareix la dualitat cavall-rossí. El rossí és una mena de cavall de segona, de no tanta qualitat, més lleuger que el de tir i més vigorós que el de carreres; servia per a la caça i la guerra, i solia ser cavalcat pels escuders. Per això també diu el refranyer que *No hi ha cavall que no torni rossí*, que significa que el qui és fort perquè és jove, no cal que se'n vanagloriï, perquè vindrà dia que perdrà el vigor.

Tots els projectes i tota la gestió de Francisco Camps des que és president de la Generalitat Valenciana es podrien resumir en una dita molt popular: **arrancades de matxo i parades de burro**. Des que va prendre possessió del càrrec de màxim mandatari valencià no ha parat d'anunciar ambiciosos i grans projectes, grans propòsits inicials que, a l'hora de la veritat, s'han dissolt en el no-res: s'han convertit en fum.

SALVADOR VENDRELL, «Parades de burro» (*Levante*, 4 de maig de 2005)

S'atribueix a Salvador Dalí la matisació d'un tòpic popular: «El més important és que parlin d'un, encara que sigui bé», diuen que va dir el geni de Portlligat, i sembla que el nostre magistrat predilecte de l'Audiència Nacional s'hagi pres la frase com una divisa. L'home no para de fer coses que efectivament li reporten una forta presència pública però que acostumen a acabar en poc i brut. **Arrencada de cavall i arribada de somera**, aquest és el *modus operandi* habitual en el senyor Garzón. En fi, la inconsistència del personatge és prou coneguda, però el que resulta xocant és que, tot i així, trobi sempre una claca d'ànimes càndides disposades a aplaudir-li les cucamones. [...] Per on passa Garzón no torna a créixer l'herba, només les carpetes tancades en fals.

SEBASTIÀ ALZAMORA, «Garzón, el surrealista» (*Avui*, 10 de desembre de 2009)

Vots: 30 (2,49%)

Etimologia de *rossí* — De *ròssa*, 'animal de peu rodó, especialment si és dolent, vell i flac', d'origen incert, potser d'una base *rottia*, probablement del germànic occidental comú *rôtjan*, 'podrir-se'.

62 / 100

QUI TÉ EL CUL LLOGAT NO SEU QUAN VOL

Amb una metonímia ben clara entre el cul (la part del cos que fem servir per seure) i l'acte d'asseure's, aquesta màxima ens ve a dir que qui depèn d'altri no decideix quan fer les coses o com fer-les. Expressa amb claredat, doncs, la relació jeràrquica entre amo i treballador. Per tant, aconsella que si vols decidir quina feina vols fer, i quan i com fer-la, t'estableixis i treballis pel teu compte en lloc de dependre dels altres. Aviat és dit! En l'actual context laboral, qui no té el cul llogat? Això no vol dir que no haguem d'assumir les responsabilitats que ens pertoquen, independentment del lloc que ocupem en qualsevol empresa o organització.

L'expressió *tenir el cull llogat* ha passat a ser equivalent de treballar a sou, dependre de les ordres d'algú altre.

En castellà diuen *Quien sirva a otro, no es señor de sí*, d'una manera una mica més elegant.

I rematant l'aspecte escatològic de la dita, en algunes contrades diuen que *Qui té el cul llogat, no caga on vol*. Un refrany complementari d'aquest, i que ja hem vist més amunt (en la posició 17), és *Si vols estar ben servit, fes-te tu mateix el llit*.

> El Badia i el Solanes no han pogut venir a causa de les seves obligacions de treball. Ja ho deien els d'abans: **qui té el cul llogat, no seu quan vol**. Per contra, hem recuperat el Manel, que feia unes quantes jornades que no venia, a causa, possiblement, de les vacances que propicia el Nadal. Ens distribuïm en els cotxes i el Daniel, que coneix la ruta amb els ulls tancats, pren la iniciativa i ens condueix sans i estalvis fins a la Joncosa de Montmell.
>
> JOSEP M. SUGRANYES, *Camins de muntanya. Excursions d'hivern* (Valls: Cossetània, 2006)

Els parlamentaris que tenim haurien de ser els oradors titulars, però és lògic: tots tenen compromisos (amb els electors més nacionalistes, amb els socis de partit, amb els electors més conservadors, amb l'electorat femení, gai o amant dels cigars). Tots han de dir i no dir, i això es tradueix en frases buides (tot sovint, articulades en un català deplorable). De les entrevistes o rodes de premsa que ofereixen, només m'interessen les preguntes dels periodistes i podria prescindir de les correctes i previsibles respostes. Si els pregunten «què faran perquè no torni a haver-hi un cas com el del Palau?», contestaran que «estem posant en marxa un protocol» que «actuarem amb contundència» i que «miri, escolti». I si els pregunten què faran per evitar els focs de l'estiu també posaran en marxa un protocol i actuaran amb contundència, miri, escolti. **Qui té el cul llogat no seu quan vol**, per això m'encanta que Guardiola hagi firmat per només un any.

EMPAR MOLINER, «Qui té el cul llogat...» (*Avui*, 20 de juliol de 2010)

Vots: 30 (2,49%)

Etimologia de *llogar* — Del llatí *locare*, 'posar (diners) a interès', derivat de *locus*, 'lloc', d'on 'posar en un lloc; invertir en un lloc'. Altres mots derivats de la mateixa arrel són *colgar*, *llogaret*, *enlloc*, *col·locar* i *local*. La frase «En aquell llogaret no hi havia manera de col·locar enlloc un local de lloguer», doncs, remet cinc vegades a l'arrel llatina *locare*.

63 / 100

HOME ROIG I GOS PELUT, PRIMER MORT QUE CONEGUT

Sorprèn que aquesta dita tingui encara tanta vitalitat i sigui tan coneguda per merèixer de figurar en una relació dels cent refranys més coneguts de la nostra llengua. És una expressió que ens remunta al món de les creences i supersticions d'una societat inculta, poruga i temorosa de tot el que és diferent, del que se surt de l'habitual.

Antigament devia ser difícil trobar homes de pèl roig i gossos peluts, i per això la gent se'n malfiava. L'origen d'aquesta desconfiança és justament la diferència, el fet de no ser freqüents i que destaquessin entre els altres. El refranyer recull manta expressions de caire supersticiós, com ara *De nas curt i ulls de gat, Déu nos en guard*; *Divendres, dia d'ullprendre*, tant de caire negatiu, com positiu. Si no, mireu: *Ull blau i cella rossa, bona mossa* o *Ull de castanya, bona calanya*. Potser avui hem après a ser més tolerants amb aquestes diferències, però no pas amb totes. Malauradament, sempre trobarem gent disposada a remarcar un motiu o altre que justifiqui malfiar-se dels qui no són com ells.

Eugeni S. Reig, a *Les nostres paraules* (València: Acadèmia Valenciana de la Llengua, 2008), sota l'entrada *malpel*, exemplifica i explica aquesta mateixa anècdota en termes molt semblants. L'adjectiu *malpel* resulta de l'aglutinació de *mal pèl* i «s'aplica amb menyspreu a les persones de cabells rojos perquè des de sempre s'ha considerat, de manera absurda i sense cap fonament, que les persones que tenen els cabells d'eixe color són gent de mal caràcter i poc de fiar. De tots és coneguda la dita: *home roig i gos pelut, primer mort que conegut*».

Josep M. Sugranyes, a *Garbellada de refranys*, també ens en fa cinc cèntims, dels possibles orígens d'aquesta dita: «El fet que es tingui en mal concepte a l'home de pèl roig es basa en l'antiga creença que el roig era el color del mal averany i, per tant, un defecte físic, i els defectes corporals, sobretot entre els romans, però també en molts d'altres pobles, eren contemplats com a senyal de mal auguri i de maldat».

> TEÓ (*amb cert misteri*): No vaig a bodes, perquè ho sàpigues.
> BERTA (*estranyada*): I doncs?
> TEÓ (*amb la veu fosca*): Vaig a un enterrament i heus aquí per què em vesteixo de negre.
> LLUÏSA (*somrient*): A l'enterrament de qui?
> TEÓ: Del meu amor, senyora. Del meu darrer amor.
> BERTA: Ah, beneit!
> TEÓ: Aquesta, la Teresa, encara m'havia estimat. Però, qui voleu que m'estimi ara? Ja he fet atots!
> ABEL: Encara en trobaràs una que et voldrà.
> TEÓ: Qui? Si no que em vulgui la Berta!
> BERTA: Jo? Penso trobar cosa millor.
> TEÓ: Digue'm que sí, i el mes entrant ens casem.
> BERTA: **Home roig i gos pelut, primer mort que conegut.**
> TEÓ: Adéu il·lusions. (*Tots riuen.*) Doncs, sí. Quan ningú pensarà en mi, com us deia, jo entraré a la sala, i quan tothom entoni cançons de boda, jo del meu racó cantaré la meva.
> LLUÏSA: Quina és la teva?
> TEÓ (*es prepara un instant per a cantar i ho fa amb una tonada trista i veu fosca*): «M'han pres l'amor del meu cor, m'han robat la meva vida...»
>
> JOAN PUIG I FERRETER, *La dama enamorada* (1908)

Vots: 30 (2,49%)

Una de les rondalles valencianes d'Enric Valor es titula «Home roig, gos pelut i pedra redona».

Etimologia de *gos* — D'origen expressiu, de l'expressió *gus* o *kus* (possiblement emparentada amb el *quis-quis* que donà origen a *quisso*), usada popularment per a cridar o abordar els gossos, substitut tardà de l'antic *ca*, encara ben viu a les Balears.

64 / 100

GENT JOVE, PA TOU

Aquesta dita demana paciència amb la gent jove. Per això cal posar-los les coses fàcils, que no hagin de *mastegar* gaire. Perquè ja se sap que *El pa tou dura poc*, perquè es menja bé i de pressa. Però també és sabut que això implica despeses extres, perquè com diuen en castellà, *Con el pan blando y la leña verde, la casa pierde.*

Una altra expressió castellana, que ens acosta a aquest sentit des del vessant de la moderació, de no tenir pressa en fer-se gran, seria *Antes moral tardío que almendro florido*, imatge molt utilitzada en el barroc espanyol que posa en evidència que l'ametller floreix abans d'hora i sovint se'n malmet el fruit, mentre que la morera, que no floreix fins a l'estiu, és més ferma i duradora. Un cop més aquell tòpic tan amanit del seny i la rauxa que tan bé coneixem.

Però no és aquest l'únic sentit que trobem aplicat a aquesta dita. Amb un to molt més despectiu, el trobaríem en boca de gent gran referida amb menyspreu o condescendència a la joventut. Així, el refrany vol dir que el jovent, per la falta d'experiència, no és gaire de fiar en empreses dures o perilloses, i cal preparar-li la feina i minvar-li l'esforç.

«Vés a avisar Monjo, que llogui un auto, un home ha pres mal i cal anar al bosc de seguit.» Es va deixar caure a la cadira i jo vaig arrancar a córrer fins a casa de Monjo i com que allí no el vaig trobar, corrents al cafè on solia fer cap. Allí era, a punt de sortir-ne, i li vaig donar la notícia. Vaig veure com la fesomia li canviava. Va llençar la punta amb ràbia, i havent sortit tots dos, va preguntar: «Qui és?» Aleshores vaig respondre, «no m'ho han dit», i em va mirar uns instants tot bonint **«gent jove, pa tou»**, però no vaig pas encongir-me

> que el meu cap ja treballava per una altra banda. L'home que havia pres mal al bosc podia ser el meu pare, fins aleshores no hi havia ensopegat.
>
> MARIA BARBAL, *Mel i metzines* (Barcelona: La Magrana, 1990)

> Llavors que tu parlant pensaves, i allà on sigues deus pensar encara, si és que s'hi pot pensar, que érem **gent jove, pa tou**, i del cor en la mà, així com, en el bon sentit de la paraula, ingenus, sentimentals, prenent això com a virtuts morals i que, virtut més alta encara, resistíem valerosament la temptació que ens duu a tocar de peus a terra, i així mateix que era ja curt el temps encara disponible per a la consumació en un sentit o en un altre de la història, i escàs per a la confecció i comprovació eficaç de les hipòtesis.
>
> JOAN F. MIRA, *El desig dels dies* (València: Tres i Quatre, 1981)

Vots: 30 (2,49%)

Etimologia de *tou* — Del llatí *tofus*, 'turo, tosca calcària', que es transformà en adjectiu en el sentit de 'porós, esponjós, bla' i, antigament, 'buit de dins'.

65 / 100

RODA EL MÓN I TORNA AL BORN

Aquesta dita significa que és bo que tinguis inquietuds per veure món i conèixer coses noves, però que finalment acabaràs tornant a casa, amb els teus i amb allò que coneixes. Podem trobar una expressió de significat genèric, que fa: *Rodaràs, rodaràs i a casa te'n tornaràs*.

I per què al Born? Segurament és tan sols una qüestió de rima amb *món*. I prova d'això és que també la trobem associada a Camprodon. Isabel Gimeno, en canvi, ho associa al bon moment que vivia la ciutat de Barcelona en aquells moments per les justes i torneigs que s'hi celebraven, tal com exposa a *El llibre dels refranys catalans* (DeVecchi, 1989): «Vol significar que enlloc del món no es viu tan bé com a Barcelona. El refrany recorda les grans festes cavalleresques, les justes, els torneigs i les processons que havien tingut lloc al Born, l'esplendor de les quals havien gaudit de fama arreu de la Mediterrània».

A banda del de Barcelona, hi ha, com és natural, altres borns en terres de llengua catalana (com hi ha també llotges principals a les grans ciutats de comerç del nostre país), per exemple, a Palma i a Ciutadella. No obstant això, per les fonts escrites consultades on apareix la dita i pels participants del *Top ten* que la van apuntar, tots del Principat de Catalunya i una dotzena bona de Barcelona, podem deduir que la dita es refereix inequívocament al Born del barri de Ribera del Cap i Casal. Per si en voleu més proves, a la *Paremiologia catalana comparada* de Sebastià Farnés (Columna, 1992-1998), en trobem recollida una variant que ens traurà de dubtes: *Roda el món, roda la mona, i torna al Born de Barcelona*.

Tira d'en Sísif, de Jordi Soler, publicada a *El Punt* el 29 de setembre de 2007

Els tres companys de feina s'han anat movent mentre parlaven. És un dels comportaments mimètics que han adquirit de tant veure el senyor Morell, incapaç de parar quiet enlloc. Ara els dos negres són en un extrem de la sala i el Juli a l'altre, prop de la porta de sortida.

—Jo crec que el Víctor tornarà —aventura la Lluïsa mirant la porta, com si hagués de trucar algú en qualsevol moment.

—Com diem nosaltres els catalans, **roda el món i torna allà on *you were Born*** —bromeja el Joan.

El Juli se'l mira. Per més que s'hi esforça, encara li costa assumir un nosaltres-els-catalans en boca d'un negre alt com un armari amb altells.

MÀRIUS SERRA, *Farsa* (Barcelona: Planeta, 2006)

—*Per què vas tornar a Catalunya?*

—Doncs perquè jo volia tornar a l'Índia, però no parlava prou bé la llengua, com un nadiu. Als Estats Units no m'hi volia quedar. Jo no sóc americà, no és la meva terra. Així que podríem dir que vaig decidir tornar a casa trenta-tres anys després... És allò de **«roda el món i torna al Born»**.

El matí amb Raimon Panikkar, converses amb Antoni Bassas (Barcelona: Proa, 2008)

Vots: 29 (2,41%)

Roda el món i torna al Born (1910) és un llibre del pintor i escenògraf barceloní Oleguer Junyent (1876-1956), que narra les experiències d'un llarg viatge que va fer per tot el món. També és el nom d'un disc de sardanes de Manuel Bertran Pujol i Ernest Borràs Salvador enregistrat per la Cobla Barcelona el 1951.

Etimologia de *born*, 'plaça on tenien lloc torneigs i combats a cavall a l'edat mitjana' — De *bornar*, 'fer armes en un torneig', del germànic fràncic *biburdan*, 'justar en un clos', amb influx del llatí *tornare*, 'girar'.

66 / 100

A CADA BUGADA ES PERD UN LLENÇOL

El temps tot s'ho enduu i aquest refrany ens recorda que la situació empitjora amb els anys, amb cada canvi o circumstància nova, en el sentit que ens retallen béns i drets ja reconeguts. També diem *A cada bugadot, un esquinçot*, amb el mateix sentit que en castellà diuen *A cada coladita, una rasgadita* o també *No se muda hoja que no me cause algun daño*.

El refranyer també relaciona aquest anar perdent amb les mudances i per això diu: *A cada mudada s'hi perd un llençol*. Cosme Vidal i Rosich, conegut com Josep Aladern, en el seu *Diccionari popular de la llengua catalana* (1904-1906), hi dóna una altra explicació prou convincent: «De dia en dia les coses van gastant-se amb l'ús i que a còpia de mudar o manejar les coses van desapareixent».

Vegeu, però, que té aquest sentit d'anar-hi perdent a poc a poc, d'una manera que sovint pot arribar a ser imperceptible. Perquè posats a perdre coses, hi podríem perdre *bous i esquelles* (tot), *dents i queixals* (empobrir-se), *l'oremus* (el seny), *el món de vista* (desmaiar-se), *el tren* (una bona oportunitat), *els estreps* (irritar-se), *la clau del cul* (tenir cagarrines), *l'esma* (el coratge) o *la vida*, entre moltes altres pèrdues més traumàtiques i doloroses.

I ja sabeu que recomanen que *La bugada val més passar-la a casa*. Potser us sonarà més l'equivalent que fa *La roba bruta es renta a casa*, en el sentit que no cal escampar els problemes i discussions d'una família, que han de mirar de solucionar-los sense soroll i sense que se n'assabentin els veïns. De la mateixa manera que la dita *No en digues bugada que no sia passada*, serà molt més comprensible si la relacionem amb *No diguis blat que no sigui al sac i encara ben lligat*, com vèiem al refrany núm. 3 d'aquesta antologia.

Si reconeixeu termes que vosaltres feu servir habitualment, que probablement seran la majoria, abans de posar el crit al cel («Què diu aquest boig ara? Però si això de 'cabòries', a casa meva...») feu un cop d'ull al voltant vostre, escolteu la ràdio, mireu la tele, llegiu diaris i revistes... i us esgarrifareu: comprovareu que **a cada bugada hi perdem un llençol**. Els perquès els sabem tots, no cal insistir-hi.

PAU VIDAL, presentació a *En perill d'extinció. Cent paraules per salvar* (Barcelona: Empúries, 2005)

L'experiència diu, tanmateix, que **amb cada bugada hem perdut un llençol**. Aquesta ha estat la història dels pactes polítics al País Valencià des de la transició, en l'època del «consens», amb la negociació sobre l'Estatut, i encara posteriorment. Com ha escrit Doro Balaguer, «la dreta no ha renunciat mai a res, l'esquerra i el país gairebé a tot». I així estem ara: sense nom, sense símbols, sense comarques, sense lligams institucionals amb la resta dels països de l'àmbit lingüístic i cultural, i ara amb la llengua negociada.

GUSTAU MUÑOZ, *A l'inici del segle. Un dietari de reflexions* (València: Tres i Quatre, 2002)

Vots: 29 (2,41%)

Etimologia de *bugada* — D'origen incert, probablement del germànic, on es troben formes pròximes, especialment el fràncic *bûkôn*, 'submergir'.

67 / 100

A POC A POC I BONA LLETRA

És una locució esdevinguda proverbial. Té el sentit adverbial que remarca un comportament lent i segur, sense pressa. De quantes maneres podem expressar aquest sentit de fer les coses amb reflexió i sense pressa? *Xano-xano*; *piano, piano* (de l'italià); *pas a pas*; *tira-tira*; *xau-xau*... Fixeu-vos que normalment pren aquesta forma bimembre de reiterar un mateix element, que no s'acaba pas aquí: *de mica en mica*, *de gota en gota*...

En aquest cas que ens ocupa, evidentment ho relacionem amb la cal·ligrafia i aquells quadernets amb pautes que servien perquè els infants milloressin, no pas l'ortografia, sinó la configuració de la seva pròpia lletra. Per a tot cal un aprenentatge previ i hores i hores de dedicació i millora. Segur que els metges, la professió que gaudeix de la fama de tenir la pitjor lletra, per a desgràcia dels farmacèutics, han fet servir ben pocs d'aquests quaderns!

I aquesta lentitud reflexiva ha servit de preàmbul de moltes altres dites: *A poc a poc s'encén el foc*, *A poc a poc es va lluny*, *A poc a poc s'arriba a Roma*, totes amb aquest mateix sentit que les tasques difícils o feixugues se superen amb paciència i constància. I en altres llengües: *Despacito y con buena letra*; *Chi va piano va sano e va lontano* ('Qui va a poc a poc, arriba estalvi i lluny'), amb la coneguda variant *Piano piano si va lontano* (o *...si arriva lontano*); *Slow but steady wins the race* ('Guanya la cursa qui avança sense pressa, però sense pausa').

Amb la pela no s'hi juga,
que això porta malastruga.
Raspalleu la clientela
perquè la pela és la pela.

Digui el que digui la gent,
tu de cara al tant per cent.
A poc a poc i bona lletra,
que ningú no ens cronometra.
Fem país, però sense nervis
i tocant de peus a terra,
perquè aquell que no fa res
ben segur que res no esguerra.

LA TRINCA, «Durumbeta trumflaire», dins el disc *És que m'han dit que...* (Ariola-Eurodisc, 1985)

Mira que si ho fos! Quina xamba, després de tants anys! No me'n sé avenir i no he parat de donar-hi tombs tota la nit. Per això torno, per assegurar-me'n. Però sense córrer, que la carretera s'enfila una mala cosa i no val a badar. **A poc a poc i bona lletra**, que deia ell; només segona i ara un punt de tercera per aquestes llaçades que no s'acaben mai. Podria estrafer l'expressió de Bernardo Atxaga, a *Obabakoak*, i dir que de Pandicosa als banys hi ha un cony de vuit quilòmetres i dos-cents noranta-sis revolts, m'ho invento, però segur que la mitjana en dóna un cada trenta metres.

ISIDOR CÒNSUL, *Ànima de bolero* (Barcelona: Empúries, 2009)

Vots: 29 (2,41%)

Etimologia de *lletra* — Del llatí *littera*, mateix significat. Altres mots de la mateixa família són *literal*, *literatura* i *al·literació*.

68 / 100

TOT BON CATALÀ TÉ FRED DESPRÉS DE MENJAR

Sembla clar que és una reacció del cos que no experimenten només els catalans després dels àpats, sinó que és bastant general en l'espècie humana, i així s'explica que també puguem trobar-ne equivalents com ara *El español valiente, después de comer, frío siente* o *El aragonés fino, después de comer tiene frío*. Devem ser davant una llegenda com la del tall de digestió si ens banyem abans que faci dues hores després que hem acabat de menjar? Una possible explicació fisiològica o ambiental podria explicar que fóssim més sensibles als canvis de temperatura quan abandonem la taula, sigui prop de la cuina, amb els fogons encara calents, o al menjador, amb l'escalf de les estovalles i les vitualles encara a taula o la resta de paelles, cassoles i altres estris

Tira d'en Sísif, de Jordi Soler, publicada a *El Punt Avui* el 17 de setembre del 2011

que mantenien l'escalf de les menges, que no pas quan ens n'alcem i anem a reposar a una altra sala sense aquests focus d'escalfor, on anem a reposar el menjar.

Potser per això també trobem la dita amb un sentit molt més genèric: *Qui té fred després de menjar, senyal que està sa*. En fi, que deu ser un senyal de salut i no pas de catalanitat. I si els efectes són després del sopar, encara ho entendrem millor, perquè ja sabem que *El dinar, reposat, i el sopar, passejat*. Amb la fresca de la nit.

I no podríem acabar-ho millor que dient: *Bona nit i tapa't!*

Vots: 29 (2,41%)

Etimologia de *menjar* — Del llatí vulgar *mandicare*, clàssic *manducare*, mateix significat, verb popular derivat de *manducus*, 'fartaner, golafre; ogre', derivat, al seu torn, de *mandere*, 'mastegar'.

69 / 100

PER SANT JOAN, BACORES, VERDES O MADURES, PERÒ SEGURES

Les bacores o figaflors són una varietat de figues que arriben al començament de l'estiu i que tenen una gran tradició en la conca mediterrània des de temps remots. Eugeni S. Reig defineix *bacora* a *Valencià en perill d'extinció*: «Fruit primerenc que cada estiu, dóna la varietat de figuera denominada bacorera. És més gran que la figa i la seua pell és d'un color morat molt fosc, quasi negre». La paraula *bacora* és pròpia del valencià; en altres bandes s'usen les formes *figaflor*, *figa de flor* o *figa de Sant Joan*. Segons diu Abelard Saragossà a *El valencià de Bernat i Baldoví* (Bromera, 2010), les bacores «no vénen en agost, sinó mes i mig abans: a Sant Joan, com diu la dita (*Senyores, a Sant Joan bacores; verdes o madures, segures*). A més, com que en són poques i creixen tenint tot l'arbre per a elles, són sucoses, dolces, molt abellidores». Lògicament, tots els informants que han comunicat aquest refrany són valencians.

Aquesta dita del camp ens recorda quan és l'època d'aquesta varietat de figa, que podríem complementar amb una altra que diu: *Verdes o madures, per Sant Jaume, figues segures* (Sant Jaume ja és a finals de juliol). I també en trobem una altra, variant de la primera, que juga amb el binomi dels solsticis (Nadal i Sant Joan): *Per Nadal, coques, i per Sant Joan, bacores*. Tot aquest seguit de dites del camp intenten fer-nos recordar la temporada de cada producte d'una manera més o menys *versada* (i mai millor dit).

I ja sabeu que *Amb temps i palla maduren les nespres!* O sigui que paciència i les coses quan n'és l'hora.

Veritablement, de figueres, se'n cultiven un gran nombre de races, desgraciadament moltes d'elles difícils de trobar avui dia. Els darrers reductes valencians de conreu comercial, amb magnífics horts, són el Baix Vinalopó i el Baix Segura. Allí les primeres a arribar són les bacores, anomenades també figa-flor, que apleguen a les darreries del mes de juny i que donen pas a un dels refranys més populars dels territoris de llengua catalana: **«per Sant Joan bacores, verdes o madures, segures»**. La paraula *bacora*, coneguda àmpliament a la Península, sembla que ve d'*albacor*, figuera anomenada així al segle XIV, que en àrab vol dir 'primerenca'.

FERRAN ZURRIAGA I AGUSTÍ, «Les esponeroses figueres. En el 400 aniversari de l'expulsió dels moriscos» (*Mètode*, núm. 63, tardor 2009)

Vots: 28 (2.32%)

Etimologia de *bacora* — De l'àrab *bakûra*, mateix significat, derivat de *bakûr*, 'precoç'.

70 / 100

QUI TÉ GANA SOMIA PA

O *Qui té gana somia truites* (o *cassoles*), o *Qui no té pa somia coques*. Difícilment trobarem una màxima més clara i expressiva. Perquè no hi ha dubte que tenir necessitat d'una cosa és prou motiu per pensar-hi contínuament, fins i tot en somnis. Al País Valencià fan referència als rotllos: *Qui té fam ensomia rotllos*, que és una mena de pa o coca amb un forat enmig.

En castellà ho diuen amb el mateix refrany: *Quien hambre tiene, con pan sueña* i també ho trobem en portuguès: *Quem tem fome sonha com pão* (o *fala em pão*) ('Qui té fam somia amb pa', o 'parla del pa'). I, d'una manera hiperbòlica, també es diu que *A qui té fam les pedres li semblen pans*. Perquè ja se sap que *Val més bona gana que bona vianda*.

La variant *Qui té fam* (o *gana*) *somia truites* ens acosta al sentit que ha pres aquesta expressió lexicalitzada: un *somiatruites* és aquella persona visionària o que s'il·lusiona fàcilment amb coses impossibles o estranyes.

> Ara s'inicia una nova etapa. No és que vulgui autoenganyar-me: aquella dita que fa que **qui té gana, somia pa**. Crec que som en un nou estadi, al qual ha ajudat molt el procés de l'Estatut. És la constatació per part de molts que a Espanya no hi ha possibilitats de progrés: l'Estatut és coix i, a més, se'l carrega el Tribunal Constitucional, i cal iniciar una altra via. I això mateix diuen a Madrid: que la cucanya de les autonomies s'ha acabat. A Madrid hi ha una sensibilitat profundament antiautonomista, i se n'adonen Montilla, Pujol i Maragall. A partir d'aquí, es fa un salt: si l'autonomisme és un carreró sense sortida, cal buscar una alternativa.
>
> SALVADOR CARDÚS, «Les elits emergents a Catalunya són independentistes», entrevista a *Catalunya Oberta*, 7 de juny de 2010

Vots: 28 (2,32%)

Etimologia de *gana* — Mot peculiar del català i el castellà, si bé propagat des d'Espanya a Itàlia i Portugal, i a alguns dialectes occitans i del Magrib; d'origen incert, probablement d'un gòtic *gano*, 'gana, avidesa'.

71 / 100

QUI VOL LLUIR HA DE PATIR

El culte al cos demana molts sacrificis. Que actual no és doncs aquest proverbi, que perviu en diverses variants i territoris de la nostra parla! *Patir per embellir*; *Qui vol presumir ha de patir*. I el sentit, com dèiem és prou clar: si vols lluir i presumir, has de treballar i esforçar-te.

Ve de molt lluny el somni de l'eterna joventut i l'aparença externa. Hi ha tractaments i recomanacions de fer vida sana per mantenir el cos jove i poder aparentar menys edat. Però tots van acompanyats d'esforç i patiment.

D'una manera molt més general, no només referit al culte al cos, en castellà diuen que *Quien algo quiere, algo le cuesta*, refermant aquesta cultura de l'esforç per aconseguir les coses. O, ben exacte, *Para presumir hay que sufrir*, tot i que, també en aquesta llengua, és comú de sostenir el contrari: *Aunque la mona se vista de seda, mona se queda*. En anglès tenim el clàssic *No pain, no gain* ('Sense dolor, no hi ha guanys').

La crinera del lleó fa en certa manera la funció de la cua del paó. Però **qui vol lluir ha de patir**. Amb una càmera d'infraroigs els dos científics varen descobrir que, com era lògic, la temperatura dels lleons amb cabellera fosca i llarga era superior a la dels lleons que la tenien rossa i curta. En un clima càlid són millors els colors clars —i els cabells curts. Per això els mesos o els llocs amb temperatures elevades són més durs per a aquests mascles més atractius. I per això en un lloc tan càlid com el Parc Nacional de Tsavo, a Kenya, acostumen a tenir poca cabellera, mentre que en un lloc més fred, a les muntanyes de l'Atles, la fosca cabellera els arriba a l'estómac. Amb el canvi climàtic i el consegüent augment de les temperatures, les condicions es tornaran més dures a tot arreu per als lleons de crinera fosca i llarga. Potser a la llarga les lleones acabaran preferint-los rossos.

XAVIER DURAN, *Per què les lleones no els prefereixen rossos? (i seixanta curiositats científiques més)* (Barcelona: Columna, 2011)

Diu la dita que «**qui vol lluir ha de patir**». I és veritat. També ho és, semblantment, que qui vol servir ha de patir. Perquè servir de bo de bo només ho fa seriosament l'amor. I són pocs els patiments tan grans, quan hi són, com els patiments d'un cor que estima.

MAUR M. BOIX, *Cops d'ull al retrovisor* (Barcelona: Publicacions de l'Abadia de Montserrat, 2001)

Vots: 28 (2,32%)

Etimologia de *lluir* — Del llatí *lucere*, mateix significat, d'una arrel bàsica *luc-*, 'ésser lluminós, aclarir'.

72 / 100

ANY DE NEU, ANY DE DÉU

La neu és molt bona per als conreus, molt més que l'aigua, perquè deixa xopa la terra tant de dalt com de baix i conserva la humitat durant força temps. Cal tenir present que les grans nevades comporten una bona reserva d'aigua, tan necessària per als conreus.

Aquest proverbi té molts allargaments i acabaments possibles, que apunten que és bo que nevi, però no en el tros de cadascú, sinó en el del veí. És allò de veure-la de prop, però que no ens toqui directament, perquè la neu pot rostir i matar llavors i flors i deixar plantes i arbres sense fruits. Per això diuen *Any de neu, any de Déu, pel vostre tros, no pel meu.*

En castellà també diuen *Año de nieves, año de bienes* i alguns l'acaben: *De granizo y hielo, año de duelo*. És un proverbi força estès i amb presència en moltes altres llengües, com ara l'anglès (*A snow year, a rich year*) o el francès (*Année neigeuse, année fructueuse* [o *plantureuse*] o *Année de gelée, année de blé*).

> Sovint, pel caminal d'una sénia o al mig d'un taulat, es veu un home sol, immòbil, com un arbre entre els arbres. Cada cop que aquest home respira, li surt una mica de fum pel nas i sembla que la terra respira també gràcies a aquest ésser simple i ben dibuixat. Totes les formes de l'hivern són així, lineals i ben elaborades, però el sentit és profund. Algú ha dit que l'hivern és «el pensament de l'any» i resulta una veritat com una casa. Encara més si neva, no tan sols per allò que **«any de neu, any de Déu»**, sinó perquè puguin descansar i pensar millor els homes i la terra.
>
> ARTUR BLADÉ I DESUMVILA, *Benissanet. Els treballs i els dies d'un poble de l'Ebre català*, dins *Cicle de la terra natal I* (Valls: Cossetània, 2006)

> De la cuina arribava una olor deliciosa, de l'escudella i el pollastre rostit, que feia venir salivera. I tots estàvem satisfets. Sobretot jo, que la nit anterior havia picat el tió i m'havia cagat els torrons i les neules del convit.
>
> —**Any de neu, any de Déu!** —deia l'avi. S'havien apropat a la balconada, ell i l'àvia, i contemplaven el misteri de la neu. I de sobte es van mirar tots dos, amb una expressió molt tendra, i l'avi la va besar, a la galta, i li va acaronar els cabells blancs, una mica esborifats, i ella es va posar vermella com una magrana.
>
> CARME MEIX, *Cercles* (Valls: Cossetània, 2004)

Vots: 28 (2,32%)

Any de neu, any de Déu és una obra teatral de Núria Tubau publicada per La Galera el 1977.

Etimologia de *déu* — Del llatí *deus*, mateix significat. Altres mots de la mateixa família són *adéu*, *diva*, *endevinalla* i *tedèum*, però no *ateu* o *apoteosi*, derivats del grec θεός, que també significa 'déu' però no està emparentat amb el llatí *deus*.

73 / 100

QUI OLI REMENA, ELS DITS SE N'UNTA

L'oli és una matèria llefiscosa que taca i deixa rastre. No sempre és fàcil fer-ne desaparèixer les evidències. Per això, aquest proverbi construït sobre el fet de *remenar* o *mesurar* l'oli, deixa constància d'aquest rastre que sempre queda, als dits o a les mans. Així habitualment podem sentir: *Qui oli remena* (o *mesura*), *els dits* (o *les mans*) *se n'unta*. En castellà ho expressen de diverses maneres: *Quien anda entre la miel algo se le pega; Quien el aceite mesura las manos se unta* o *Administrador que administra y enfermo que se enjuaga, algo traga*. I en anglès: *If you play with fire, you're going to get burned* ('Si jugues amb foc, t'acabaràs cremant').

S'usa per expressar que qui pren part en negocis tèrbols n'acaba esquitxat i difícilment podrà fer desaparèixer les evidències de la seva participació en aquells afers. Aniria emparentat amb aquell refrany que diu que *L'ocasió fa el lladre* o aquell altre, *En caixa oberta, el just hi peca*, perquè la incitació a cometre accions dolentes s'intensifica si s'és a prop de la circumstància oportuna per cometre-les. En castellà, també tenen diversos refranys per expressar el mateix: *La ocasión hace al ladrón; En arca abierta, el justo peca; Puerta abierta, al santo tienta*.

> Ah!, també insinua que vaig malament de diners. És cert. Amb la crisi, però, qui no hi va? A més, en el meu ofici, cal filar prim. Diu la dita que **qui remena oli se n'unta les mans**. Potser sí. Però si voleu tenir la clientela contenta, a més de ser honest, heu de semblar-ho. I jo he remenat una mica d'oli, això és cert, però tinc les mans ben eixutes.
>
> JAUME FUSTER, *Les claus de vidre* (Barcelona: La Magrana, 1984)

PAGÉS. Y vol dir, que aqueixos diners serveixen per socorrer necessitats? Si aixi fos, vetu allá; pero jo crech, que tot sen va per pilotas y marxedors, y arrape qui puga. **Quí remena l'oli los dits sen unta...** Sr. Rector, vusté es massa bon janot.

SR. RECTOR. Vos, jo crech que sou, un valent boloni. Penseu que tothom es un lladre; y aixo put á cremat. Cuydado ab aqueixas sospitas y judicis temeraris! Que vos no fieu de ningu que tinga nas á la cara, santo y bueno, pero que tingueu per lladres á alguns, sens cap proba: aixó es terrible!

Conversa entre un pagés y lo Sr. Rector, sobre indulgencias y butllas, principalment de la Santa Cruzada. En que se posa la veritat en clar, y al alcance de tothom, y se dissipan los errors del poble menos instruit en estas materias, 2a edició (Barcelona, 1835)

Vots: 28 (2,32%)

Qui oli remena: juguet bilingüe en un acte y en vers és una obra de teatre de Pere Reig i Fiol, «Estrenat ab satisfactori éxit en lo Teatro Catalá (Romea) la nit del 11 de Maig de 1894».

Etimologia de *remenar* — De *menar*, del llatí vulgar *minare*, 'empaitar, conduir animals', llatí clàssic *minari*, 'amenaçar'; pas semàntic a causa de fer moure els ramats amb amenaces i crits.

74 / 100

TOTA PEDRA FA PARET

Aquest proverbi és dens, breu i va per feina: qualsevol cosa, per petita que sigui, pot ser útil per ajudar a aconseguir un fi determinat. És una manera d'expressar la continuïtat, la solidaritat i la importància de les petites accions, encara que no sempre puguem veure'n el conjunt o el resultat final (la paret). Tots els informants que l'han esmentat són valencians, de manera que sembla clar on és més popular i, per tant, el seu possible origen geogràfic.

Anant una mica més enllà, en un article publicat a la revista *Lluita*, Josep Guia comentava arran d'aquesta dita: «Tota pedra fa paret, és cert, però ¿de quin edifici?», on anava més enllà d'aquesta solidaritat per preguntar-se quina utilitat té cada cosa o quina funció, més enllà que en tingui cap.

Una expressió similar diu que *Tota brossa* (o *pedra*) *fa marge*. Dos possibles equivalents en castellà serien *Muchos pocos hacen un mucho* i *Un grano no hace granero, pero ayuda al compañero*. I en anglès: *Every little bit helps* ('Qualsevol cosa petita ajuda'). La idea que hi ha rere tots aquests proverbis és la del granet de sorra o d'arena, les petites contribucions que, sumades, permeten arribar a l'objectiu desitjat. El refrany *De mica en mica s'omple la pica*, que ocupa la posició 15 d'aquesta classificació, reflecteix aquesta mateixa idea, però potser sense el component participatiu de *Tota pedra fa paret*.

Una altra frase que podem emparentar amb aquesta, pel sentit de fer les coses entre tots, en comunitat, amb ajuda de tothom és la que va ser divisa en els moviments de renovació dels anys seixanta del segle passat: *Entre tots ho farem tot*.

[...] però elles s'hi deuen mirar molt en això de deixar-se prenyar per un negre, tot són manies i prejudicis, és llàstima el que caldria és promoure la idea, muntar una oficina, amb telèfon i anuncis als diaris, Servei de Renovació de la Raça, col·laboreu amb la vostra modesta però imprescindible aportació, **tota pedra fa paret** i posats a ser mestissos més val ser-ho com al Brasil, allà s'ha demostrat, no hi ha producte més perfecte al món que les mulates de Rio, estimula el creixement, la intel·ligència i la fecunditat de la cultura, llàstima que ací els pares i els marits estan plens de prejudicis, i elles també, tan bonic que seria, cada dona valenciana amb un fill negret al braç.

JOAN F. MIRA, *Els treballs perduts* (València: Tres i Quatre, 1989)

Entre l'obra d'Ovidi Montllor hi ha una sèrie de peces molt ben parides: literàriament i musicalment, i que, cantades per ell, adquireixen una vibració encomanadissa, que el públic fa seua. Van del sarcasme més virulent al patetisme més ingenu, i passen pel míting, per la poesia lírica pròpia, per l'exhumació de versos insignes. **Tota pedra fa paret**. Totes aquestes pedres —les de l'Ovidi i les dels altres— han fet, no una paret, però sí uns canals per on han discorregut moltes ansietats populars.

JOAN FUSTER, pròleg a *Ovidi Montllor: poemes i cançons* (Barcelona: Galba, 1978)

Vots: 28 (2,32%)

Etimologia de *pedra* — Del llatí *petra*, 'roca', i aquest, del grec πέτρα, mateix significat. Altres mots de la mateixa família són *pedregar, empedrat, pedró* i *petroli*.

75 / 100

QUI GUARDA QUAN TÉ, MENJA QUAN VOL

Aquest refrany s'inclou entre les copioses recomanacions de moderació i estalvi que tan sovint trobem al nostre refranyer, no només referides al menjar, sinó també a l'economia familiar.

Recomana prudència i no malbaratar menjar o altres béns quan en tenim prou provisió, sinó preveure'n una reserva per quan els puguem haver de menester. Recorda vagament la paràbola de les vaques grasses i les vaques magres de l'Antic Testament (Gènesi, 41) i apunta els vaivens dels cicles econòmics que viu qualsevol país o empresa. Tan senzill com *fer racó* per salvar mals moments o temporades dolentes.

El refrany tant el trobem en la seva expressió en positiu, com en negatiu: *El qui no guarda quan té, no menja quan vol.* I té algunes variants que giren sobre el mateix sentit i idea base: *Qui menja i guarda, dues vegades para taula.* En un sentit semblant, trobem algun refrany antic castellà que el podem equiparar al nostre, com per exemple, *Quien come y condesa dos veces pone la mesa* (*condesar* té el significat precisament d'estalviar, economitzar o reservar), o bé *Quien come y deja, dos veces pone mesa*, que apareixen en els primers repertoris de proverbis castellans, els segles XVI i XVII.

> El portaveu de CiU al Congrés dels Diputats, Josep Antoni Duran i Lleida, s'ha mostrat fins a cert punt conciliador amb el govern espanyol i ha reiterat que cal un pacte d'Estat. Duran ha demanat al president espanyol que governi per sobre de la pau social, ja que considera que «el discurs que ningú perdrà drets socials» reflecteix que **«qui no guarda quan té no menja quan vol»**, i li ha recomanat que miri més enllà de les properes eleccions per garantir el benestar de les futures generacions.
>
> «Duran demana a Zapatero que pensi més en les generacions futures que en les eleccions» (*324.cat*, 17 de febrer de 2010)

Vots: 27 (2,24%)

Etimologia de *guardar* — Del germànic *wardon*, 'cercar amb els ulls', derivat de *warda*, 'acte de cercar amb els ulls; guàrdia, guarda; talaia' i, aquest, de *waron* 'atendre'.

76 / 100

A LA VORA DEL RIU NO T'HI FACIS EL NIU

De vegades consells assenyats i obvis són menystinguts o oblidats i poden desembocar en catàstrofes o accidents lamentables que es podien haver evitat. No cal sinó parar atenció als mitjans de comunicació: quasi cada any, sobretot a finals d'estiu o a la tardor, les fortes precipitacions causen riuades al Maresme que arrosseguen un bon nombre de cotxes riera avall, de vegades fins al mar.

En un sentit no ben bé literal, però sí referit al lloc on tenim allò que ocupa el nostre interès, una altra dita, *Vinya a vora de camí i dona finestrera tenen mala fi*, ens recorda la imprudència de deixar les coses massa a l'abast del primer que passa.

Els espais oberts vora rius i rieres són humits i perillosos quan hi ha riuades inesperades per tempestes sobtades i fortes. Potser per això trobem una versió ampliada d'aquest proverbi que fa: *A la vora del riu no t'hi facis el niu, perquè el foc té aturador però l'aigua no*. Aquest segon refrany encadenat recorda que la força de l'aigua és molt pitjor que la virulència del foc, contra el qual hi ha mitjans per combatre'l, mentre que els efectes devastadors d'una riuada no tenen cap sistema eficaç per afrontar-los, fora d'esperar que acabi.

Els consells i advertiments són ben diversos i variats, com per exemple: *A la vora del riu no hi facis el niu, perquè si mai l'hi fas, res no hi trobaràs*, o *ni en hivern ni en estiu*.

> **«A la vora del riu no hi faces niu»**, diu un conegut refrany. Malgrat això, són molts els pobles que s'acosten a les vores i riberes: Ribesalbes (Plana Baixa), en la marge esquerra del Millars, Riba-roja del Túria (Camp del Túria), Torrent (Horta). El Forcall (Ports), emplaçat en el «forcat» d'unió del riu Cantavieja i el Bargantes. Sallent

(Ribera Alta), s'estén a banda i banda del riu del mateix nom i el topònim significa un salt d'aigua.

VICENT ORTELLS, *La ciutat preindustrial valenciana: la imatge i la paraula* (Castelló de la Plana: Publicacions de la Universitat Jaume I, 1997)

Vots: 27 (2,24%)

Etimologia de *vora* — Del llatí *ora*, mateix significat, originàriament plural neutre d'*os, oris*, 'boca', usat com a substantiu singular en el sentit de 'boca d'un riu' i després 'vora, riba', encara en la forma *ora* en català antic.

77 / 100

GALLINA VELLA FA BON CALDO

És un elogi de l'acumulació d'anys, de l'experiència i, de fet, de les persones grans, especialment de les dones. Dóna valor al coneixement adquirit a partir de l'ús de la personificació i la metàfora que trobem en molts refranys d'equiparar la dona amb la gallina i l'home amb el gall. És d'ús general a tot el territori de parla catalana. També en trobem versió castellà: *Gallina vieja, buen caldo* o en referència al *'caldo gordo'*: *La vieja gallina es la que hace el caldo gordo*. I furgant, furgant, apareix en altres refranyers romànics: en francès, *La vieille poule fait le bon bouillon* (i la variant *C'est dans les vieilles marmites que l'on fait les meilleures soupes*); en italià, *Gallina vecchia fa buon brodo*, o en portuguès, *Galinha velha faz bom caldo*, per la qual cosa sembla que ens podem remuntar a un origen comú i ben remot.

I en el cas que ens ocupa, el brou fet de gallina, el refranyer no s'està pas de cantar-ne les meravelles: *Brou de gallina torna la vida* (o *la millor medecina*, o *els morts ressuscita*). Per això també diu que *Escudella sense gallina, per a la meva veïna* o *Escudella sense porc no val molt ni poc; escudella amb porc, vedella i gallina, la millor medecina*. Fins a arribar a l'exageració de dir que *El brou de gallina resta set anys dintre del ventre, de tant que alimenta*.

I no només en destaca l'aliment i guariment que comporta, sinó que és àpat de festa major: *Gallina i moltó, olla de festa major*. O de senyor: *Gallina, bou i moltó és olla de senyor*, o *de rector*.

—Voleu que hi vaja jo, a veure si n'aplec cap, de gallineta així, dins es corral d'es Vei Orquès?

—Ja hi hauries d'esser! —diu Na Trec-a-trec—. I mira! No mos dugues cap canyís, vui dir, cap gallina que només tenga sa pell i ets ossos! L'has de triar de bones carns i veia, perquè ja es sap: **gallina veia fa bon brou**.

ANTONI M. ALCOVER, *Aplec de rondaies mallorquines d'En Jordi d'es Racó*, vol. 1 (Palma: Moll, 2001)

El Rafel la va rebutjar sense sentir ni una mica de pena per ella. Es va girar cridant al Paco i se'l va emportar davall d'una balconada.

—No et gastes les peles, Paco, que la tia és més gran que ta mare.

Però el Paco, lluny del caporal Garmendia, aquell cabró que el feia córrer com un poltre al pati, el va aturar amb un gest.

—Sempre he sentit dir que la **gallina vella fa bon caldo**. Quan tanques els ulls, totes les dones són iguals. Me'n vaig amb aquesta tia, que té una bona retranca. Si tu no vols res amb l'altra meuca, m'esperes dins del bar de la cantonada.

FRANCESCA ALIERN, *Camins* (Valls: Cossetània, 2007)

Vots: 26 (2,16%)

Gallina vella fa bon caldo (1896) és una comèdia en un acte del dramaturg i periodista Anton Ferrer i Codina (Barcelona, 1837-1905).

Etimologia de *caldo* — Potser del castellà *caldo* (vegeu-ne l'etimologia a *Gat escaldat, de l'aigua tèbia fuig*), però no necessàriament; segons Joan Coromines «fou un mossarabisme autòcton en el País Valencià i les Terres de l'Ebre que [...] es propagà cada vegada més pel Principat, com ho feren alguns altres mossarabismes valencians».

78 / 100

QUI MENJA SOPES SE LES PENSA TOTES

Ja és ben curiós que després del bon caldo del refrany anterior arribem a les sopes d'aquest: tots dos van rebre exactament el mateix nombre de vots. Sembla més un joc infantil per aconseguir que els infants es mengin la sopa que no pas un proverbi amb un significat alliçonador. Tradicionalment les sopes no han estat un dels plats preferits de la mainada. Si no, que ho preguntin a la Mafalda de Quino, el paradigma de la nena combativa contra la sopa. Ni tampoc són de les menges més valorades per la seva aportació nutricional. Per això diuen que *A la peresa, doneu-li sopes*, perquè qui no treballa poc menjar necessita. Però és un bon complement com a primer plat i omple prou per poder retallar en les tallades i fer estalvi a la cuina. A banda que a l'hivern, ben escalfades, reanimen el cos. I, encara, referint-nos a menges de cada dia (d'un «cada dia» del temps dels proverbis, no pas d'avui), recordem aquella altra màxima que ens diu que *Déu dóna faves a qui no té queixals*, que trobarem més avall en la posició 91.

Amb la dita de les sopes i amb la promesa de convertir-se en espavilats, es pretenia fer menjar aquest plat durant els àpats dels nostres infants. Per això, a banda de pensar-se-les totes, també trobem la variant *Qui menja sopes les entén totes*, en el mateix sentit del refrany original.

També pel fet de ser un plat que en ser líquid i prendre's amb cullera, se sol xarrupar, d'algú que és papissot, que fa interdentals les esses, se'n diu que *fa sopes*.

I ja, posats a trobar-hi virtuts, Joan Amades ens en diu cinc: «Les sopes tenen cinc virtuts: bones per dormir, millor per pair, esmolen les dents, omplen el ventrell i fan posar vermell.»

Hi ha una dita catalana que diu: «**Qui menja sopes se les pensa totes**». Tot i que a Catalunya no tenim una tradició de menjar sopes tan arrelada com a altres països europeus, sí que tenim una varietat de sopes escaldades amb pa que, encara que siguin senzilles, no vol dir que no siguin bones.

ASSUMPTA MIRALPEIX, *Aquí hi ha teca!: receptes de cuina catalana amb història* (Barcelona: Rosa dels Vents, 2006)

Un centó és una composició poètica confegida amb versos (o fragments de versos) preexistents que pren un sentit allunyat dels poemes originals d'on han estat extrets. En anglès el centó sovint rep el nom de *patchwork poetry*. També es consideren centons els refranys apedaçats com ara «**qui menja sopes** no ocupa lloc» o bé «el saber **se les pensa totes**».

MÀRIUS SERRA, *Verbàlia 2.0. Jocs de paraules i esforços de l'enginy literari* (Barcelona: Empúries, 2010)

Vots: 26 (2,16%)

El llibre de les sopes: qui menja sopes se les pensa totes (1994) és un llibre de Josep Lladonosa i Giró (Alguaire, Segrià, 1938) amb receptes de la cuina catalana i europea.

Etimologia de *sopa* — Del llatí tardà *suppa*, i aquest, del germànic *suppa*, 'bocí de pa xopat de brou'.

79 / 100

EM FAS FESTES I NO ME'N SOLIES FER, ÉS QUE EM VOLS FOTRE O M'HAS DE MENESTER

Antigament *menester* o *mester* volia dir 'ofici'. És una paraula que ha caigut en un inevitable desús i que només ha perviscut amb el sentit d'haver necessitat d'alguna cosa. Però al refranyer podem trobar mostres ben diverses de la seva antiga vitalitat, com ara *A bones ganes de ballar, poc so és menester* o *A l'amic, prova'l primer, ans no l'hagis de menester.* Així els usos de *ser menester*, *haver menester* o *fer menester*, en el sentit de ser necessari o tenir necessitat, els ha copat l'omnipresent *cal*, per economia de llenguatge, ben segur.

Aquesta dita ens posa en alerta davant les manyagueries o afalacs de persones que no ens n'acostumen a fer. Quan algú actua d'aquesta manera és que ens vol demanar algun favor o ens vol enredar (o totes dues coses!). Ja veieu que per al refranyer no hi ha mitges tintes i aplica una psicologia uniformitzadora i preventiva.

Té diverses variants formals, amb el mateix sentit, on canvia festes per compliments o enganyar per trair. Vegem-ne algun exemple: *Qui et llepa més que no sol, t'ha menester o trair-te vol* o *Em fas compliments i no me'n solies fer, o em vols fotre o m'has de menester.* La versió castellana sembla un calc de la catalana: *Quien te hace fiestas que no suele hacer, o te quiere engañar, o te ha menester.*

«Si em fas festes i no me'n solies fer, o em vols fotre o m'has de menester», adverteix la saviesa popular. I, de vegades, les dues coses alhora: per exemple, cada cop que s'acosten eleccions, pam, toca visita de Mariano Rajoy a Catalunya, que és terra d'acollida. I és que, de tant en tant, don Mariano se'n recorda de l'amor intens que professa per Catalunya, i aleshores sent la necessitat de desplaçar-se físicament al país de Josep Pla (algun dia, la gent del PP hauria de provar de citar algun escriptor en llengua catalana que no sigui Josep Pla: Aznar ja va fer un intent amb uns versos de mossèn Cinto, però va semblar un cas de possessió diabòlica) i proclamar als quatre vents la seva condició d'enamorat d'aquesta terra.

SEBASTIÀ ALZAMORA, «Alejandro, Ale-Ale-Alejandro» (*Ara*, 8 d'abril de 2011)

Vots: 25 (2,07%)

Etimologia de *menester* — Del llatí *ministerium*, 'servei; professió, funció', derivat de *minister, -tri*, 'servidor'.

80 / 100

QUAN EL MAL VE D'ALMANSA, A TOTS ALCANÇA

Dita valenciana típica i tòpica. Típica, perquè la trobem recollida i amb tradició sobretot al País Valencià, encara que sigui coneguda també en altres territoris. I tòpica en el sentit que és referida a un topònim, de dita tòpica, aquelles dites referides a poblacions o llocs concrets. Fa referència a la batalla d'Almansa (Albacete), durant la Guerra de Successió, el 1707, que marca l'abolició de l'estructura política per la qual el Regne de València s'havia regit com a país autònom durant cinc segles i per la qual s'imposà la incorporació al Regne de Castella, «*sin diferencia alguna en nada*», com deia el decret del juny del 1707.

En paraules de Joan F. Mira, la batalla d'Almansa i les seves seqüeles van tenir com a efecte una brutal centralització administrativa i militar, «la destrucció de tot poder polític propi, fins a l'últim racó i l'últim municipi, l'onada de funcionaris, jutges, escrivents, tropes i oficials i clergues castellans que vingueren al nostre país i s'hi incrustaren per sempre, amb la ideologia nacional que transportaven. La marginació, prohibició i persecució de l'idioma, de manera constant, metòdica, i sense dissimulació. El permanent espoli econòmic amb impostos abusius. I en fi, el saqueig dels cervells i de les ànimes de les persones, desposseïdes de qualsevol senyal d'existència comuna que no fóra la castellanoespanyola imposada fins en l'últim paper, l'última església i l'últim racó del país» («Noves glòries, encara», *El Temps*, 22.06.2010).

«Quan el mal ve d'Almansa, a tots alcança» o «Si el mal està en Almansa, a tots alcança», diu el nostre poble sense arribar a comprendre la seua significació. Aquestes frases, molt freqüents a les terres del sud del País Valencià, tenen avui un sentit quasi esotèric, i molts nadius poden pensar que es refereixen a l'oratge o alguna cosa pareguda. Però el mal que va venir després de la batalla d'Almansa, en la Guerra de Successió a la Corona d'Espanya, el 1707, va ser quelcom més greu que una simple tronada, fou l'anorreament d'un estat polític sobirà (el Regne de València), la substitució institucional pròpia per la castellana, la reducció a una situació colonial d'un poble que patiria fins avui mateix les mesures dictatorials que van motivar la seua claudicació. A la batalla d'Almansa van perdre els pobles catalans el seu dret a la llibertat, a continuar essent una nació diferenciada, autònoma. Tot el que s'ha esdevingut després ha estat una llarga i intermitent lluita per restaurar i per reconquistar aquell dret perdut.

EMILI RODRÍGUEZ-BERNABEU, *Alacant contra València* (València: Universitat de València, 2005)

Com hem vist, la Guerra de Successió al País Valencià es va plantejar en termes de vertadera lluita de classes: de les classes populars contra les dominants. Per tant, la derrota de Carles d'Àustria fou la derrota de les aspiracions dels camperols i de la gent humil valenciana, la qual cosa implicà una nova reafirmació del règim senyorial quan tan sols feia catorze anys d'un altre important revés per al camp valencià: el fracàs de la Segona Germania. La batalla d'Almansa ratificà el desastre sofert pels llauradors de les comarques meridionals durant la revolta de 1693, la qual cosa, probablement, pot explicar l'origen de la dita popular: **«Quan el mal ve d'Almansa a tots alcança»**. A partir d'ara hi hauria un nou enduriment del règim senyorial, que una vegada cicatritzades les ferides de la guerra successòria, seria la principal causa de nous i importants avalots.

MANUEL CERDÀ I PÉREZ, *Els moviments socials al País Valencià* (València: Institució Alfons el Magnànim, 1981)

Vots: 24 (1,99%)

Quan el mal ve d'Almansa (1979) és un disc del grup valencià Al Tall, una cantata sobre les conseqüències de la Guerra de Successió al País Valencià.

Alcançar no apareix al *Diccionari de la Llengua Catalana* de l'Institut d'Estudis Catalans, ja que sense gaires dubtes és un manlleu del castellà *alcanzar* (tot i que també podria ser que estigués relacionat amb *encalçar*, del llatí vulgar tardà *incalciare*, derivat de *calx, -cis*, 'taló'), però s'ha fet servir sovint tant històricament (com ara en Francesc Eiximenis al tractat *Scala Dei*: «No's deu alterar ni esmayar si'l que vol, tant promte no [h]u alcança») com modernament.

81 / 100

QUI TÉ BOCA S'EQUIVOCA

Queda clara aquí la sinonímia entre la boca i el fet de parlar. Ens referim a la boca com a òrgan de la parla. I el que vol dir aquesta expressió, ni més ni menys, és que qui diu alguna cosa corre el risc de vessar-la i caure en l'error. Trobem un munt de fraseologia referida a diverses parts del cos humà, relacionades, per metonímia, amb habilitats o sentits que en fan ús: parlem amb la boca, hi sentim amb les orelles, hi veiem amb els ulls, toquem amb els dits... o amb el nas ensumem, tant olors com perspectives.

Serveix sobretot per excusar aquelles persones que erren, perquè ja se sap que qui parla es pot equivocar en allò que diu, sobretot quan ho fa precipitadament. És també d'aquelles dites amb repicó, o segona clàusula no tan popular: *...i qui té nas es moca* o *...i qui compta es descompta*, la qual cosa apunta a l'obvietat que parlar ens acosta a la possibilitat d'errar.

En castellà ho diuen amb aquests refranys: *Por la boca muere el pez* o *Quien mucho habla, mucho yerra*, o també la mateixa fórmula: *Quien tiene boca se equivoca*, que, d'una manera divertida, alguns acaben: *...y quien tiene culo, sopla*. En francès diuen que *Qui parle beaucoup dit beaucoup de sottises* ('Qui parla molt diu moltes bestieses'). La versió més comuna en anglès és el clàssic *To err is human*, directe del llatí *Errare humanum est*.

Podríem emparentar aquest proverbi amb altres que lloen saber callar o parlar quan toca, com ara: *Hi ha un temps per parlar i un temps per callar*, inspirat en l'Eclesiastès, o *La paraula és d'argent i el silenci d'or*, que el president Jordi Pujol va sintetitzar en l'*Ara no toca*. I a propòsit també d'aquest saber callar, recordem un pensament de Benjamin Franklin que, traduït de l'anglès per Ramon Casteràs, ens confirma i amplia aquesta idea: «De menjar poc, parlar poc i llevar-me de matí, mai me n'he hagut de penedir».

> **«Qui té boca s'equivoca»**. Però l'error demana un altre refrany: «Qui no el confessa és una mala peça».
>
> JOSEP M. ESPINÀS, *A la vora de... l'Avui/6* (Barcelona: La Llar del Llibre, 1987)

> Les persones de pell fina, que sempre n'hi ha, per desgràcia, s'han ofès pel fet que la consellera de Cultura i Esports de la Generalitat Valenciana, Lola Johnson, atribuís l'obra *Tirant lo Blanc* a Ausiàs March. La relliscadeta es va produir durant l'entrega dels premis als llibres més ben editats amb motiu del Dia del Llibre Valencià. Potser Lola Johnson no està preparada per dirigir la cultura valenciana. Però tots som humans, ostres. **Qui té boca s'equivoca**. No fa gaire, una altra dona aparentment preparada per escriure articles i anunciar xampú, Sara Carbonero, va atribuir a Joan Manuel Serrat els versos «*Caminante no hay camino, se hace camino al andar*», en un article.
>
> EMPAR MOLINER, «El deliri del comentarista online» (*Ara*, 29 de novembre de 2011)

Vots: 24 (1,99%)

Etimologia de *boca* — Del llatí vulgar *bucca*, 'galta, boca botida', que anà suplantant l'ús d'*os, oris* en la significació de 'boca'.

82 / 100

N'HI HA PER LLOGAR-HI CADIRES

Hem hagut d'arribar a la dita classificada en la 82a posició per trobar una frase feta. Vol dir això que són més populars els refranys que no pas les frases fetes? No necessàriament!

Quan es va plantejar l'enquesta del *Top ten* de refranys populars catalans es va mirar de facilitar al màxim la participació, fent una crida senzilla i amb poques normes. Tant és així que les instruccions només deien: «Penseu i anoteu els deu primers refranys que us vinguin al cap, sense fer-ho en grup ni amb l'ajuda de cap material escrit». Demanàvem que els qui ens responguessin enviessin la resposta per correu electrònic per no condicionar la participació d'altra gent, i que ens diguessin d'on eren, per poder-los situar mínimament en el mapa de la llengua. L'enquesta demanava *refranys*, sense especificar ni definir què era o què no era un refrany. Sembla clar que la gent té prou interioritzat que hi ha alguna diferència entre un refrany i una frase feta o una locució. Això explica que fins a una posició tan reculada del rànquing no hagi aparegut cap frase feta.

No hi ha dubte que aquesta és una de les expressions més populars de la nostra llengua. La seva extensió territorial i el fet de no tenir una traducció directa al castellà li afegeixen un plus de singularitat. La Trinca la va fer aparèixer en la cançó «Coses de l'idioma», al costat d'altres expressions genuïnes com ara *fer un pet com una gla*, *fer figa*, *bufar i fer ampolles* o *ser un somiatruites*. Vaja, que és una de les peces inexcusables en qualsevol llistat de frases fetes catalanes que fan de mal traduir al castellà i a altres llengües.

El significat de la frase és ponderatiu d'una cosa inesperada, increïble o insòlita. També ho podríem dir amb una expressió semblant: *N'hi ha per a sucar-hi pa*.

En castellà hi ha una frase sospitosa de còpia cercant certa originalitat que és *haber para alquilar balcones*. Potser podríem acudir a altres expressions equivalents amb més tradició, com ara *¡Vaya tomate!* o *Es como para caerse de culo*, una mica més informals.

Sobre l'origen de l'expressió, Josep M. Sugranyes, citant Joan Amades, diu que era un costum barceloní que a l'acabament dels antics pregons que es feien per anunciar cavalcades i altres actes de gran solemnitat, el pregoner deia: «S'hi llogaran cadires», com a reclam de comoditat.

> A Madrid vam llogar un piset, modest, molt modest. Els nostres veïns eren uns dignes representants del poble madrileny —de l'autèntic—, tan agut, tan simpàtic: dues cigarreres, que sempre cantaven o xisclaven; un porter del Palau Reial, orgullós del seu uniforme bigarrat i follament adorat per la seva dona —molt gelosa—, i un sabater que tenia dos fills... diguem una mica desequilibrats. Hi havia quatre portes que donaven al mateix replà. Quin replà! Li asseguro que **n'hi havia per a llogar-hi cadires**. Les escenes de sainet s'hi repetien de nit i de dia.
>
> PAU CASALS, al llibre de Josep M. Corredor, *Converses amb Pau Casals (records i opinions d'un músic)* (Barcelona: Selecta, 1967)

> Al vestidor trobà la seva amiga Merche que es despullava. Ahir, deia la Merche, vam anar a sopar a la Scala, i la canalla?, féu la Sílvia. He trobat una baby sitter que és un àngel, em cobra cinquanta pessetes l'hora i m'adorm les criatures i tot. En Ramon, continuava la Merche, estava de barrila, **n'hi havia per llogar-hi cadires**. Jo em moria de riure. Vam beure molt de xampany, s'hi acostà la Dolors, noia, tu i les vostres gresques, és que a en Ramon, diu la Merche, li agrada sortir un cop per setmana, gairebé sempre ho fem els dijous, sobretot des que anem de week-end, a en Lluís, mentí la Sílvia, li agrada sortir qualsevol dia de la setmana, no té preferències...
>
> MONTSERRAT ROIG, *El temps de les cireres* (1977)

Vots: 24 (1,99%)

Etimologia de *cadira* — Del llatí *cathedra*, mateix significat, pres del grec καθέδρα, 'seient', amb canvi de l'accentuació del llatí clàssic *cáthedra* per la del llatí vulgar *catédra*.

83 / 100

A CADA PORC LI ARRIBA EL SEU SANT MARTÍ

Es diu amb un cert to despectiu (compara la persona amb un porc, animal, com hem vist, amic dels creadors de refranys) per advertir les persones que han actuat malament o amb mala fe que ja els arribarà l'hora de retre comptes, més tard o més d'hora. Però aquest moment sempre arriba, implacable com la justícia divina.

Sant Martí se celebra l'11 de novembre i tradicionalment és l'època de la matança del porc. La dita al·ludeix a aquest fet. *Per Sant Martí, mata el porc i enceta el vi* (també és l'època del vi novell, de fer el primer tast de les bótes).

Trobaríem una dita equivalent en *Qui la fa, la paga*, classificada al lloc 49. L'expressió té equivalent en castellà: *A cada cerdo le llega su San Martín*, d'on és possible que provingui (a l'Amèrica Llatina és molt comuna: *A cada cerdo le llega su sábado*; *A cada chancho gordo le llega su día*). De fet, alguns lingüistes, com els autors del *Diccionari pràctic i complementari de la llengua catalana* (DicPC), en posen en dubte la genuïnitat, malgrat que l'hagin recollit Miguel Ángel Saura, al segle XIX, Serra i Boldú i Joan Amades, o que aparegui també al *Diccionari català-valencià-balear* d'Alcover i Moll, i recomanen altres equivalents com ara *Qui la fa la paga*, *El riure va a estones*, *A tothom, tard o d'hora, arriba l'hora* o *Tal faràs, tal trobaràs*. I en castellà també en podem trobar altres referents, com ara: *A cada pez le llega su vez*, sempre amb el sentit de *Quien haga mal, espere tal* o *Cada uno tiene lo que se merece*.

El motiu detonant del trencament de relacions radica en una pancarta, malgrat que socialment la rivalitat ja venia de lluny, dels fòrums i portals d'internet. A la sortida de l'Europa al terreny de joc en aquell partit de la primera volta de la lliga 07/08, un sector local d'aficionats va desplegar una imatge d'un llop vestit amb la samarreta quadribarrada del Sant Andreu a punt de degollar un porc amb la samarreta de l'Europa. A sota, el lema **«a tot porc li arriba el seu Sant Martí»**. La directiva del club escapulat va considerar violenta i fora de lloc aquesta pancarta i va instar els directius andreuencs a retirar-la. Aquests no van considerar greu la situació, argumentant que els penyistes locals l'havien realitzat en simple clau d'humor i que la reacció del conjunt visitant era exagerada.

ÀNGEL GARRETA, «L'Europa convida el Sant Andreu al seu torneig» (*Ara*, 17 de juny de 2011)

Entre un porc i un feixista
la diferència és de pes:
del porc tot s'aprofita
i de l'altre no se'n treu res.
Però també tenen semblances,
i quelcom a compartir:
tant al porc com al feixista
li arriba el seu Sant Martí.

FRANCESC RIBERA 'TITOT', «Moros i cristians» (música de Jordi Castilla), dins el disc de Brams *Cal seguir lluitant* (Al·leluia Records, 1995)

Vots: 24 (1.99%)

Etimologia d'*arribar* — De *riba*, del llatí *ripa*, mateix significat.

84 / 100

BRAMS D'ASE NO ARRIBEN AL CEL

I dels porcs passem als ases (i de sant Martí al cel): el refranyer en va ple, d'al·lusions a les bèsties i a la religió.

I els brams només poden anar referits als ases. Bé, els tigres i lleons rugeixen i també bramen. Però de la mateixa manera que l'abella zumzeja, el cavall renilla, el colom parrupa, l'elefant bramula, el gat miola, el gos borda, la granota rauca, el llop udola, l'ocell piula, l'ós esbramega, el porc gruny o la vaca mugeix, sempre relacionem els brams amb els ases.

Amb aquesta dita donem a entendre que no hem de fer cas dels despropòsits. L'ase, personificació proverbial de la ignorància, no mereix l'atenció de les persones de seny, sembla dir-nos el refrany. En català, aquesta dita té un segon hemistiqui, per curar-se en salut, que fa ... *i si hi arriben, no posen arrels*. O sigui que, tot i en el supòsit que hi arribessin, ho tindrien magre. Com si sentíssim ploure, que en castellà expressen amb la dita *A palabras necias, oídos sordos*.

Aquesta darrera expressió deu tenir un component clàssic que es remunta a l'antigor, perquè la trobem reproduïda en la majoria de llengües romàniques i fins i tot en anglès. Així en català també diem *A paraules folles* (o *vanes*), *orelles sordes*; en francès *À folle* (o *sotte*) *demande, point de réponse*, i en anglès, *For mad words deaf ears*, que recomanen no fer cabal de paraules insensates i sense solta.

Un dia per casualitat vaig veure la televisió catalana, que no la mirem quasi mai de tan pesada que sol ser (i sap greu haver-ho de dir), i just en aquell moment un ximple hi assegurava en to pontifical que en el segle XX només hi havia hagut dues novel·les catalanes: la *Solitud* de la Víctor Català i l'*Oliver Twist* d'en Josep Carner. **Brams**

d'ase no arriben al Cel. Només que per això sol, per no haver de sentir brams d'ase, ja valdrà la pena d'anar al Cel.

JOAN SALES, carta a Mercè Rodoreda, 27.04.1981, dins *Cartes completes (1960-1983)* (Barcelona: Club Editor, 2008)

TRESONA: No s'ho acabarán
pas tot, y l' que deixarán
per sopá' ns' ho menjarém.
QUIMET: Tant de bó que ls' agafés
—y no ls' desitjo cap mal—
un bon dolor de caixal
que no ls' deixès menjar rès.
TRESONA: **Brams d'ase may han pujat
al cel.**
QUIMET: ¿Y qui ho paga això?
TRESONA: Ets tonto y bèn de debó.
Això ho paga don Bernat.

BARTOMEU CARCASSONA, *Cada ovella ab sa parella: comedia en dos actes, original, en vers catalá y castellá* (Barcelona, 1866)

Vots: 23 (1,91%)

Etimologia de *bram* — De *bramar*, d'origen onomatopeic, comú amb altres llengües romàniques.

85 / 100

VALENCIÀ (O ANDORRÀ, O CATALÀ, O VIGATÀ) I HOME DE BÉ, NO POT SER

Aquesta dita tòpica genèrica demostra l'aversió, l'enveja o poca estima que generalment sentim pels veïns. I una mostra de la seva universalitat és que ho trobem referit a diversos gentilicis. Així, al Principat es diu dels valencians o dels andorrans, i al País Valencià, dels catalans. Amb aquests veïns, ja la pujarem dreta, la paret!

A més, aquesta invectiva localista referma la teoria que la majoria d'aquests refranys són atribuïts a determinats pobles pels seus veïns. I, com podem veure, no acostumen a ser precisament per a cantar-ne les excel·lències, sinó que s'hi acarnissen i rabegen de valent.

La sentència, doncs, ens demostra un cop més que els renoms més esmolats acostumen a provenir dels veïns més pròxims. Prova d'això és que la forma d'aquesta dita tòpica més reportada pels participants al *Top ten* de refranys catalans va ser la referida als valencians i va arribar d'informants de les Illes i del Principat, però també d'Alacant o de Castelló, que veuen i viuen amb més recel el centralisme dels seus veïns de la ciutat de València. Sorprèn que els vigatans se l'atribueixin o la transmetin, atès que la coneixen.

Vegem un altre cas de vituperi dels conterranis en aquesta cançó popular, com tantes en trobaríem, recollida al *Diccionari català-valencià-balear*: «A Cerdanya són cerdans, / a Ribes cap-de-mussols; / a Bruguera estripa-truges / i a Campelles borratxons».

—Valencians... bah! —va renyar la veu manxega, àrida i polsosa—. Falsos com una taronja, durs per fora i plens de sucs per dins. Gent tova.

—Epsilon, has d'entendre que...

L'arquebisbe va tallar les excuses amb una mà alçada.

—A València, la carn és herba —va bramar—. L'herba és aigua, els homes són dones, i les dones no res. **Valencià i home de bé no pot ser**.

Allà hi havia la flor i nata de la ciutat, no només de l'estament eclesiàstic; hi eren dos dels que comandaven l'artilleria valenciana, un dels que regien la prosperitat dels mercats valencians, i un dels que impartien la justícia més alta del regne. La sapiència teològica, el venerat Orde dels hospitalers, la pedagogia més reputada, la noblesa més rància, tot quedava resumit, menyspreat i trepitjat en aquell retret proverbial. Però els presents callaven.

ALFRED BOSCH, *Inquisitio* (Barcelona: Columna, 2006)

D'entrada, promets transparència i diàleg. Pot ser que no ho compleixis, però fins ara simplement no hi havia res per incomplir. D'altra banda, assegures que alçaràs la catifa de la porqueria: deixa'm intuir que aquí, si ho intentes de debò, ho tindràs cru. Però s'agraeixen les intencions. I anuncies que acabaràs la confrontació amb els agents socials, amb la llengua pròpia, amb els veïns catalans, amb l'oposició... Que la Geperudeta t'escolti i t'acompanyi. I que s'acabi un malson dels grossos, el que feia bona la frase de «president **valencià i home de bé, no pot ser**».

ALFRED BOSCH, «Fabra» (*Avui*, 27 de juliol de 2011)

Vots: 23 (1,91%)

Etimologia de *valencià* — De *València*, nom de la ciutat i després Regne; segons Joan Coromines (*Onomasticon Cataloniae*, VII) «*Valentia* és ja el nom de la ciutat en els clàssics romans Sal·lusti, Plini, Florus, i un fragment de Pomponi Mela. Res de pre-romà no hi hagué a la base d'això, simplement derivat de *valens, -entis*, participi de *valere* 'ser fort'». Del llatí passà a l'àrab *Balänsiya* en època de la dominació sarraïna.

86 / 100

DE LLEVANT O DE PONENT, DE LA DONA SIGUES PARENT

Vol dir que vinguis d'on vinguis, per tenir influència o bona acceptació, tot això que tindràs guanyat si ets parent de la mestressa. Per això també diuen *Vingui d'on vingui, de part de la dona vingui.*

Encara dit d'una altra manera: la tradició considera que, en tota casa, el bacallà el talla qui hi és sempre, i històricament aquest paper ha correspost a la dona, que ha governat, ordenat i dirigit els afers domèstics.

És una dita que hem trobat sobretot recordada per informants de la zona d'Alacant i de Barcelona, encara que no de manera exclusiva.

De tota manera, no hem d'oblidar que *Més val un bon veí a la porta, que un parent a Mallorca*, que *Més val un bon amic que cent parents* i que *Primer són les dents, que els amics i els parents*. Però sempre, *Entre l'amic i el parent es despatxa el més dolent.*

> Avui m'he aixecat del llit amb una enyorança rabiosa de Sa Pobla. Tots sabeu, prou, que som pobler i, creieu-me, de bona raça, quasi fanàtic.
>
> Tot i això —coses de la vida— fa 39 anys Fornalutx i Sóller conqueriren el meu cor i aquí m'hi he quedat i, àdhuc, hi he posat arrels. Potser per la força del vent que **«véngui d'on véngui, de la dona siguis parent»**.
>
> Ara bé, de tant en tant el cap em trabuca el cor i el cor em capgira el cap tant que, si tengués ales volaria a Sa Pobla i al mig de la plaça, damunt el «palco» cridaria: «Eh! Som pobler!».
>
> AGUSTÍ SERRA SOLER, «La patata de Sa Pobla» (*Sa Veu – Diari digital de la comarca de Sóller*, 10 d'agost de 2007)

Vots: 23 (1,91%)

Etimologia de *parent* — Del llatí *parens, -ntis*, 'el pare o la mare', participi present de *parere*, 'parir, engendrar', aplicat inicialment al pare i la mare indistintament, sobretot en plural, conjuntament, passà després a designar els familiars.

87 / 100

DE MOLINER MUDARÀS I DE LLADRE NO T'ESCAPARÀS

Diu Antoni Llull Martí en *Reflexions sobre la saviesa dels proverbis* (1994):

> Hi havia la creença generalitzada, si més no a l'illa de Mallorca, que tots els moliners, a més de quedar-se amb la moltura (la part que legalment els corresponia per la feina de moldre, en aquell temps en què quasi ningú pagava ni cobrava amb diners), furtaven farina als clients, o els en canviaven part per una de qualitat inferior, i com que això no tenia remei, sortí el refrany que diu *De moliner mudaràs però de lladre no escaparàs*, que, en sentit figurat, encara s'usa amb relació a casos de robatori o abús per part de monopolis, exclusives comercials o associacions gremials molt tancades i ben avingudes de les quals hom no pot prescindir ni escapar-se'n.

El moliner cobrava el dret de moltura, regulat per la llei, i són tradicionalment criticats per la seva manca d'honradesa en calcular les mesures.

Aquesta mala fama dels moliners s'estén també en altres proverbis francesos (*Il n'y a rien de plus hardi que la chemise d'un meunier*, que traduït literalment seria 'No hi ha res més atrevit (*o* audaç) que la camisa d'un moliner') o anglesos (*Honest millers have golden thumbs*, que en el seu sentit recte significa 'Els moliners honrats tenen els polzes d'or'), reblat encara amb una altra dita anglesa que fa *Put a miller, a weaver and a tailor in a bag, and shake them; the first to come out will be a thief* ('Poseu un moliner, un teixidor i un sastre dins un sac i remeneu-los; el primer que en sortirà serà un lladre'), que trobem també en català, potser una mica més exagerada: *Cent moliners, cent teixidors i cent sastres, tres-cents lladres*.

A vegades, aquell mos era una petita autorecompensa per haver-los donat un cop de mà, tot i que això no era pas una obligació explícita ni tàcita, sinó fruit de la manera de ser de la gent del tros, que no podia veure algú amb la samarreta xopa sense agafar-s'hi també. Era el cas d'en Sala, que ajudava tothom qui podia, però en aquesta ocasió venia per altra feina.

D'altra banda, no podia ser altrament, els moliners deien que tenien oli tot l'any, àdhuc per a vendre'n. Segons ells, eren de la collita pròpia, però tothom pensava allò de sí, sí, **pots canviar de moliner, que de lladre no**.

JOAN COMASÒLIVAS I FONT, *Conill amb sajolida* (Palma: Moll, 2010)

Vots: 23 (1,91%)

Etimologia de *lladre* — Del llatí *latro, -onis*, 'guàrdia de corps, mercenari; lladre, bandit', a partir del nominatiu, diferentment de *lladró*, que prové de l'acusatiu; un dels pocs mots que en català antic conservaren doble forma, per al cas recte i el cas oblic.

88 / 100

EL SABATER ÉS EL QUE VA MÉS MAL CALÇAT

Aquesta dita va associada a la idea que qui té abundància d'una cosa és qui menys en frueix o més poca atenció hi para o, encara, que qui sap o coneix un ofici, per la feina, té descuidada casa seva. En definitiva, que on hauria de ser fàcil i natural de trobar una cosa, hi manca inexplicablement o hi brilla per la deixadesa.

En castellà ho expressen amb un refrany molt difós i conegut: *En casa del herrero, cuchara* (o *cuchillo*) *de palo* (o *cuchillo mangorrero*) (el *cuchillo mangorrero* és un ganivet bast i mal acabat), imatge compartida amb el portuguès, que diu: *Em casa de ferreiro, espeto de pau*. I podem trobar, en català i altres llengües, equivalents referits a altres oficis, però sempre amb el mateix significat: *A casa del ferrer, ganivet de fusta* (o *ganivet fuller*); *A cal sabater, sabates de paper*; *A casa del picapedrer, cent goteres a la teulada*; *Ase d'Arcàdia, carregat d'or i menja palla* (en castellà, *El asno de Arcadia, lleno de oro y come paja*); *Cap sabater calça bé*.

Tornem a trobar aquí una relació més o menys directa amb aquell *Què sap el gat de fer culleres!*, que ja hem esmentat en un altre moment.

Veiem que preval l'equiparació amb el sabater, no només en català, sinó també en altres llengües. Així, en francès diuen: *Les cordonniers sont toujours les plus mal chaussés*; en italià: *In casa di calzolaio non si hanno scarpe* ('A la casa del sabater, no hi ha sabates'), i en anglès: *The shoemaker's son always goes barefoot* ('El fill del sabater sempre va descalç').

> Es va convertir en la dissenyadora més jove de la passarel·la. «La recepta de l'èxit és sort i treball», sospira. També hi ha ajudat el seu entorn familiar. «El meu pare és argentí de pares italians i la meva mare, argentina de pares holandesos. Ella és qui més m'ha influït: era majorista de roba italiana i em portava a les fires». Si alguna cosa ha

copiat de la seva mare és el ritme. «No m'agrada el glamur. Vaig a la meva. Treballar ja m'ocupa molt de temps. I si he de sortir de festa, m'ajunto amb les meves amigues, que no tenen res a veure amb la moda. Tampoc no vaig a comprar roba, em falten hores! Sí, sóc un mal exemple! És allò que diuen que **el sabater és qui va més mal calçat**... però realment em poso la primera roba que trobo, i mai la que dissenyo».

KRIZIA ROBUSTELLA entrevistada per Marc Serena, «Viure de la roba i no comprar-ne» (*Público*, 31 de gener de 2011)

Mon pare era mecànic de bicicletes i jo no en tenia cap, ni de nova ni de segona mà. Quan el pare n'aconseguia una, per un deute o comprada per obtenir peces de recanvi, sovint em prometia que l'arreglaria i seria per a mi. Però en deixar-la com nova sempre hi havia algú que li la comprava, i com els diners escassejaven tornava a quedar-me sense bicicleta. **A cal sabater, sabates de paper**.

TONI CUCARELLA, *Quina lenta agonia, la dels ametlers perduts* (València: Tres i Quatre, 2003)

Vots: 23 (1,91%)

Etimologia de *sabater* — De *sabata*, d'origen incert; malgrat que és un mot comú en la majoria de llengües romàniques i d'altres de no romàniques (eslaves, turc, àrab, persa), no s'hi veu relació etimològica entre elles.

89 / 100

ADVOCATS I PROCURADORS, A L'INFERN DE DOS EN DOS

Si antigament els oficis més mal vistos i valorats eren potser els de sastre i moliner (*De moliner* [o *de sastre*] *mudaràs i de lladre no t'escaparàs*, com vèiem al refrany 87), per la pèrdua de vigència d'aquests oficis actualment l'ase dels cops són altres gremis i agremiats. Sobre banquers i especuladors encara hi ha poca tradició i el refranyer no en diu gairebé res, però tot arribarà. Cas a part, també és el dels metges. Però els que no escapen a l'ull clínic de la saviesa popular són els professionals relacionats amb els plets: notaris (que sovint encapçalen aquest refrany), jutges, advocats i procuradors, bàsicament.

Malgrat que la dita sembla antiga (ja que és recollida en repertoris històrics), ha mantingut vigència en l'imaginari popular per la mala reputació dels encarregats de la justícia. Ja ho diu el savi refranyer: *A plet clar, no cal advocat; a plet dubtós, ni un ni dos*, o *Cada plet du quatre ànimes a l'infern*, o *Del millor plet, qui el perd, en surt despullat i qui el guanya, sense camisa*, o *Els plets i la mar, de lluny te'ls has de mirar*, o *Home de plets, pobre segur*, o *Més val un mal aveniment que un bon plet*. Perquè ja se sap que *Per a guanyar un plet cal tenir raó, saber-la defensar i que te la vulguin donar* o *Per a un plet calen tres coses: paciència, amics i diners*. I també diuen: *Vols ser feliç un dia? Estrena un vestit. Vols ser feliç una setmana? Mata porc. Vols ser feliç un mes? Guanya un plet. Vols ser feliç un any? Casa't. Vols ser feliç sempre? Sies honrat.*

Josep M. Sugranyes, a *Garbellada de refranys*, recull la rèplica d'aquest refrany, *Procuradors i advocats al cel a grapats*, de la qual diu que és «molt menys coneguda ja que normalment només serveix de rèplica a l'anterior, per part del col·lectiu afectat».

Quant a la possible i desitjable modernització, o fins i tot agilització dels jutjats (l'esperança és l'últim que es perd), potser també faríem sort. Les inèrcies burocràtiques són àrdues de vèncer, i si no que ho expliquin a mant conseller de justícia que ha provat de fer avançar les coses. Però alguna cosa em fa sospitar que aquí, com a qualsevol mastodont, l'únic que acaba funcionant és una bona coça entre les potes. Una proclama d'independència podria actuar, en aquest camp, com una veritable coça. Faria saltar el monstre i tal vegada l'obligaria a córrer. De sobte, s'hauria de refer tota la legislació de dalt a baix; els usos lingüístics, la cadena de comandaments i lleialtats... Realment, estaríem assistint a la creació d'una nova legalitat, una sacsejada ben notable. I literalment, obligaríem molts **magistrats, advocats i procuradors a marxar cap a l'infern de dos en dos**. Us ho imagineu? Quina desfilada més edificant.

ALFRED BOSCH, «Advocats i procuradors» (*Avui*, 30 d'octubre de 2010)

La desconfiança dels pagesos valencians envers plets i tribunals deu venir de ben antic («**Advocats i procuradors / a l'infern de dos en dos**»), almenys tant com la dels calabresos, que tanmateix hi recorren ben sovint: «L'inferno è pieno / de notari e giudici, / uomini approbi / speziali e medici».

JOAN F. MIRA, *Un estudi d'antropologia social al País Valencià* (Barcelona: Edicions 62, 1974)

Vots: 22 (1,83%)

A l'infern de dos en dos és el títol d'un llibre de cartes entre Joan Bernà i Eladi Crehuet, notaris (Lleida: Pagès, 2001).

Etimologia d'*infern* — Del llatí *infernus*, 'estatge dels déus subterranis', doblet d'*inferus*, 'de sota'.

90 / 100

NO DIGUIS MAI D'AQUESTA AIGUA NO EN BEURÉ

El sentit d'aquest refrany és tan clar com l'aigua: moltes vegades les circumstàncies ens obliguen a fer coses que havíem censurat i jurat de no fer mai. Per tant, recomana moderació en els comentaris, per allò que les paraules tornen quan menys ho esperem.

És una dita ben popular i coneguda. Tant que, com en altres casos que ja hem vist, originàriament era més llarga i, ara, amb la primera part del refrany en tenim prou per copsar-ne el significat: *No diguis mai d'aquesta aigua no en beuré, per tèrbola que sigui* (o *potser necessitat en tindré*, o *que de pitjor en sé*).

Pertany a la saviesa antiga i general, a un passat comú; per això apareix en la majoria de llengües romàniques amb ben poques variacions formals: en castellà, *Nunca digas 'De esta agua no beberé'*; en italià, *Non serve dire: di tal acqua non berrò*; en francès, *Il ne faut pas dire: Fontaine, je ne boirai pas de ton eau*, o en gallec, *Ninguén diga: 'desta auga non beberei'*. En anglès, en canvi, obvien la referència a l'aigua: *Never say never*.

Laureano López Rodó, el significadíssim ministre de Franco, és fill de Sant Feliu de Codines. Li ho recordo a un senyor, amb una mica de mala intenció. «Sí, però també vam tenir de veí el pare Batllori, que sempre deia que el català popular l'havia après aquí.» Laureano López Rodó, que havia estat mà dreta de ferro de Luis Carrero Blanco, va intervenir en la redacció de l'Estatut de Catalunya del 1979 com a diputat que va ser d'AP. Tot flueix. **No pots dir mai d'aquesta aigua no en beuré**. La casa de la família López Rodó és una casassa als afores del poble, amb vistes als paratges de Sant Miquel del Fai.

Un home em diu: «Fa uns anys l'Ajuntament va fer una placeta davant de l'entrada, que en diem Plaça del Cony perquè és tan rara que ningú sap què cony és.» Jesús, Maria i Josep, si el senyor Laureano de l'Opus sentia aquestes coses.

MANUEL CUYÀS, «L'aigua de Caldes» (*El Punt*, 1 de març de 2010)

Puix mon cor teniu penyora
sens voler-me ningun bé,
no digau, gentil senyora,
d'aquesta aigua no beuré.

A tots altres sou afable
i de mi sempre fugiu,
i amau més veure el diable,
tant en fàstig me teniu,
trist de mi!, no sé per què:
guardau, reina emperadora,
no digau, gentil senyora,
d'aquesta aigua no beuré.

JOAN TIMONEDA, «Puix mon cor teniu penyora», dins *Flor d'enamorats* (1557).

Vots: 22 (1,83%)

D'aquesta aigua no en beuré és una comèdia per a adults de Josep M. Folch i Torres, estrenada al teatre Novetats el 6 de febrer de 1931. També és el títol d'una novel·la rosa de Clovis Eimeric (1882-1952).

Etimologia de *mai* — Del llatí *magis*, 'més', per una evolució fonètica condicionada pel fet d'anar seguit de *no* en la combinació *mais no*.

91 / 100

DÉU DÓNA FAVES A QUI NO TÉ QUEIXALS

És una manera molt expressiva de retreure a algú que té una cosa de la qual no pot gaudir, però que bé faria profit a algú altre. També en aquest cas el ventall de possibilitats és amplíssim i divers: *Déu dóna faves* (o *carn*, o *pa*) *a qui no té queixals* (o *dents*); també sentim tot sovint que *Déu dóna garrofes a qui no les pot rosegar* o que *Déu dóna les nous al qui no les sap trencar*.

En castellà també tenen els refranys equivalents: *Da Dios habas a quien no tiene quijadas*, *Da Dios almendras al que no tiene muelas*, que també trobem en francès: *Dieu donne des amandes à qui n'a pas de dents*, encara que el francès usa preferentment els exemples del pa i les dents: *Tel a du pain quand il n'a plus de dents* ('Un té pa quan no li queden dents') o *Le pain nous vient lorsqu'on n'a plus de dents* ('El pa ens arriba quan no tenim dents'). En italià parlen de *biscotti* ('galetes'): *Dio manda i biscotti a quelli che non hanno denti*, o també de faves: *Dio dà le fave agli sdentati* ('Déu dóna les faves als desdentegats').

Tant en castellà com en italià, trobem fórmules dobles del refrany: *Dios da nueces al que no tiene muelas y muelas al que no tiene nueces*, *Chi ha i denti non ha pane, e chi ha pane non ha denti*, *Chi ha il grano non ha il sacco, e chi ha il sacco non ha il grano*.

Josep M. Sugranyes, a *Garbellada de refranys*, apunta algunes dades més sobre aquest refrany: «El fet de triar les faves com un dels emblemes de la dita és degut al fet que aquestes, un cop assecades, són molt dures i costen de rosegar i per tant no és estrany que no les pugui menjar qui no té una bona dentadura. D'altra banda, no hem d'oblidar el gran nombre de refranys catalans que tenen la fava com a llegenda, sobretot si tenim en compte que, a més, en moltes ocasions se li dóna un doble significat».

Fora de la presó, hi ha un munt de dentistes que treballen a cor què vols. I que fan la feina ben feta. Però **Déu dóna faves a qui no té queixals**. Perquè és un pres, que a més peca d'estranger, que té una urgència. La presó amb mal de queixal és més presó. El senyor Lutz Ingo Wielhe, al final de la carta, diu una cosa que no m'ha agradat gens: hi insinua que, si no li curen el mal de queixal, potser se n'anirà d'aquest món. I això sí que no. M'uneixo, des d'aquí, al seu reclam: no hi ha cap dentista, ara que monsenyor Carles ens diu que s'acosta el Dia de Germanor, que es pugui acostar a la presó de Quatre Camins?

MONTSERRAT ROIG, «Té queixals, la història» (*Avui*, 16 de novembre de 1990), reproduït a *Un pensament de sal, un pessic de pebre* (Barcelona: Edicions 62, 1992)

La saviesa popular afirma, amb un punt d'irreverència, que **Déu dóna pa a qui no té queixals**. He comprovat que també, més sovint del que sembla, ajusta la forma del dentat a la menja amb què ens caldrà alimentar-nos. I jo, un cop casat, amb un, dos, tres i quatre fills, mal dotat de forces adquisitives i amb periòdics eclipsis de l'instint de conservació, vaig trobar-me animat per una sentència de confiança o de lleugeresa, d'optimisme o d'irresponsabilitat que m'ha permès de travessar deserts i de vorejar precipicis sense convertir-me en un sac de gemecs.

CARLES SOLDEVILA, *Del llum de gas al llum elèctric. Memòries d'infància i joventut* (Barcelona: Empúries, 2002 [1951])

Vots: 22 (1,83%)

Etimologia de *queixal* — De *queix*, 'maxil·lar inferior', del llatí vulgar *capseum*, 'semblant a una capsa', derivat de *capsa*, 'capsa', i *capsus*, 'armadura de carruatge', o bé directament d'aquest darrer.

92 / 100

QUI PAGA MANA

Més clar, l'aigua. És la submissió al desig de qui fa la despesa. Com diu que ho vol? On diu que ho vol? Per quan ho demana? I reverències. És reconèixer el poder de qui té els mitjans econòmics. Hi ha diferents maneres d'expressar aquesta mateixa idea: *Al gust del qui paga, vesteix en Tonet*. O, més modernament, *El client sempre té raó* (tot i que els reiterats abusos de determinades operadores de telefonia d'alguna manera posen en entredit totes aquestes dites).

I trobaríem algun equivalent idiomàtic en les nostres llengües veïnes o germanes? En castellà també diuen *Quien paga, manda*, que trobem igualment en italià: *Chi paga comanda*. En portuguès concreten una mica més i diuen que *Quem paga a conta é que diz a hora de levantar a mesa* ('Qui paga el compte és qui diu a quina hora es despara la taula'), però hi ha un proverbi castellà molt típic que diu *Poderoso caballero es don Dinero* i una altra frase que també tenim en català i que pot servir per expressar això mateix és *Pel pa balla el ca*, o en castellà *Por dinero baila el can y por pan si se lo dan*, prenent el sentit que el gos ensinistrat fa les gracietes que li demanen esperant la recompensa.

En anglès tenim el clàssic *Money talks* (literalment, 'Els diners parlen [per si sols]'), però el refrany que potser s'acosta més al significat literal i figurat de *Qui paga mana* és *He who pays the piper calls the tune* ('Qui paga el músic tria la melodia').

En la posició 55 trobàvem un altre refrany referit als diners i al poder de qui paga: *Pagant, sant Pere canta*, que referma la idea que amb diners es pot aconseguir tot.

Més tard, en Corvo i en Malsano discuteixen mentre fan la ronda a cavall pels volts dels domicilis d'alguns regidors de l'Ajuntament, com se'ls ha planificat que facin aquesta nit.

—És per això que la gent confia més en els municipals —argumenta en Corvo—. Potser no faran més que nosaltres, però almenys no queden com estúpids guardaespatlles de polítics.

—**Qui paga mana**, i qui mana mana. No t'hi capfiquis. —M'emprenya ser un titella.

En Malsano s'acosta la mà esquerra a les orelles, als ulls i a la boca, i amb l'altra tiba les regnes per aturar la muntura. No sentir, no veure, no parlar.

MARC PASTOR, *La mala dona* (Barcelona: La Magrana, 2008)

Vots: 22 (1,83%)

Qui paga mana és una novel·la de lladres i serenos de Xavier Moret (1997).

Etimologia de *manar* — Del llatí *mandare*, 'encarregar, confiar alguna cosa'.

Ninot de L'Avi publicat a *El Punt Avui* el 17 de març de 2012

93 / 100

FER PASQUA ABANS DE RAMS

És una de les poques frases fetes incloses en aquest recull, cosa que es pot entendre perfectament perquè, com hem dit quan hem parlat de *N'hi ha per llogar-hi cadires*, l'enquesta del *Top ten* només demanava refranys, sense especificar gaire. També sorprèn la vitalitat d'aquesta frase feta i que encara sigui viva.

Per als més joves i desinformats, potser caldrà recordar que, en el calendari litúrgic, primer té lloc el diumenge de Rams (en què es commemora l'entrada de Jesucrist a Jerusalem) i al cap d'una setmana se celebra el diumenge de Pasqua (o Pasqua florida o de resurrecció, en què es commemora la resurrecció de Crist). *Fer* o *celebrar la Pasqua abans de Rams*, doncs, voldria dir capgirar la seqüència lògica dels esdeveniments. En castellà, per indicar que una cosa s'esdevé molt de tant en tant, doncs, diuen *De Pascuas a Ramos*.

Prenent un dels sentits d'aquesta frase feta, que significa esperar un infant abans de casar-se, si mai haguéssiu d'expressar aquesta mateixa idea amb una frase feta més actual, com ho diríeu? *Casar-se de penal*. Ja veieu que l'evolució de la fraseologia és imparable.

Amb la davallada de religiositat i d'enllaços religiosos, però, aquest tipus de frases semblen abocades a l'oblit, perquè el que abans era excepció, a poc a poc, pot acabar esdevenint norma.

> Semblava que el senyor es devertia.
> —Interroga'l, Joan. M'agradaria sebre...
> Vaig abordar la qüestió bruscament.
> —Què ha passat entre tu i na Catalineta?
> —Res.
> —Idò, per què plorava?

—No ho sé.

—Ni ho sospites?

—No.

El senyor s'assegué devora el foc.

—I el cas és, Joan —digué mentre atiava les estelles—, que aquest beneit tal vegada no ho sap. Mira, per lo que pugui esser, hem de casar-los. Casa'ls, Joan.

—Però...

—Ara no veus que **han fet Pasqua abans del Ram**?

LLORENÇ VILLALONGA, *Bearn o la sala de les nines* (Barcelona: Edicions 62, 1980 [1961])

Vots: 22 (1,83%)

Etimologia de *pasqua* — Del llatí *pascha* (grec πάσχα), d'una variant de l'hebreu *pesah*, 'pas, trànsit', commemoració de l'èxode, a través del llatí vulgar *pascua*, influït per *pascuum*, 'pastura', a causa de l'àpat ritual.

94 / 100

NO ES POT REPICAR I ANAR A MISSA

Ja és curiós que trobem en aquest repertori que parla de la vitalitat dels refranys al començament del segle XXI una presència tan viva dels de caire religiós, precisament quan fem esment de la secularització actual i que cada vegada aquests referents religiosos i litúrgics són més desconeguts. La casualitat ha fet, a més a més, que dues d'aquestes expressions hagin obtingut el mateix nombre de vots. Això no treu, però, que de vegades les fem servir sense ser ben bé conscients del context en què es van originar.

Hi ha coses que són absolutament incompatibles, que per poder-les fer hauríem de disposar del do de la ubiqüitat. Una manera festiva d'expressar-ho, i emmarcant-ho dins la tradició religiosa del nostre vocabulari popular i figurat, és amb aquesta frase feta referida a les misses i les processons: no pots assistir a la missa si ets campaner i has de fer repicar la campana per avisar els fidels que s'atansin, o bé durant els moments de la cerimònia en què es fan voltar les campanes. També s'expressa amb una altra variant igualment viva: *No es pot repicar i anar a la processó*.

Ja fora de l'àmbit religiós, també podem trobar alguna expressió equivalent: *Beure i xiular* (o *bufar*) *no pot ser*; *No es pot ser al plat i a les tallades* o *Voler i doldre*, tot i que *Vol i dol* té més un sentit d'indecisió davant d'una tria. En castellà en trobem equivalents en gairebé totes les mateixes frases, procedents, doncs, d'un pòsit comú: *Repicar y andar en la procesión, implica contradicción*; *No se puede estar en misa y repicando*; *Soplar y sorber, no puede ser*; *No se puede estar al plato y a las tajadas*. En anglès: *You can't have your cake and eat it too* ('No pots tenir el pastís i menjar-lo al mateix temps').

> Governen les esquerres a Barcelona des de sempre, i ara arreu, i tanmateix Espanya és el país on el totxo campa amb més alegria, ningú no vol fer una llei transparent de finançament dels partits, i les polítiques d'habitatge social són un pur decorat. Vol lluitar contra els especuladors? Doncs que deixi de parlar com una okupa de cap de setmana, i faci les lleis pertinents. Ho diu la dita: **no es pot ser a missa i repicar campanes**. I la Imma Mayol fa molt que està a l'altar del poder, de manera que seria hora que deixés de fer veure que és una infiltrada de l'oposició.
>
> PILAR RAHOLA, «Divina 'pijo-progressista'» (*Avui*, 25 de gener de 2007)

Vots: 22 (1,83%)

Etimologia de *missa* — Del llatí tardà *missa*, 'fórmula litúrgica conclusiva', del llatí *mittere*, 'enviar, deixar anar', tret de la fórmula final de l'eucaristia *Ite, missa est*, 'aneu-vos-en, és el comiat'.

95 / 100

BON VENT I BARCA NOVA

Aquesta frase (no, doncs, un refrany en sentit recte) resulta ben curiosa. El sentit que actualment li donem s'aplica quan volem que algú marxi i el volem perdre de vista. Té, una mica, el sentit d'*engegar a dida algú*, que podem expressar també amb molt diverses expressions: *engegar* o *enviar a passeig*, *a pastar fang*, *a escampar la boira*, o, en castellà, *enviar a freír espárragos* o *a hacer gárgaras*. En anglès seria *Goodbye and good riddance.*

Remuntant-nos al sentit literal i originari, es pot interpretar com una frase estrictament marinera, amb el sentit de desitjar bon vent a algú (per això molt sovint sentim només aquesta primera part del refrany: *bon vent!*) i amb una barca nova, ben bona, amb la qual poder navegar amb vents favorables i arribar ben lluny.

Però originàriament el refrany fa esment d'una creença i tradició ben antiga: el trànsit a la mort es feia travessant un riu i calia una embarcació per passar-lo: una barca que recorda la forma del taüt, i que és del mateix material. Ho explica Joan Amades en el llibret *La mort. Costums i creences* (1935): «La idea que la totalitat o una part del viatge a l'altra vida havia d'ésser fet a través de l'aigua havia estat estesa arreu, i encara avui el fèretre conserva la forma desdibuixada d'una barca. A casa nostra aquesta idea s'ha esborrat del record del poble, però el refrany ens la conserva.»

Així, segons aquesta interpretació d'Amades, el just sentit del refrany és desitjar a algú que desaparegui o es mori per no veure'l mai més. I la barca al·ludida és el fèretre.

—Per quatre dies que hem de viure, bé podem gastar-nos uns quants diners a passar-ho bé, no et sembla?

A mi, tot allò, no em semblava res; tenia son, estava retut i l'endemà havia de tornar a la carretera. A més a més, em preocupava un detall: ¿s'adonaria la Bebel del canvi de cotxe? La noia m'agradava, però no volia que s'assabentés de la meva feina real. El nostre compromís era prou clar, unes vacances agradables i, després, **bon vent i barca nova**.

JAUME FUSTER, *De mica en mica s'omple la pica* (Barcelona: Edicions 62, 1971)

El llit, cobert amb una teuladeta de roba, era el meu refugi blanc des d'on intentava enganyar els dolors del cos i de l'ànima amb oracions i viatges en somnis cap al cel. Cada vegada que veia aparèixer el meu confessor amb els sants olis, pensava, això s'ha acabat, **bon vent i barca nova**. Però la barca vella, per atrotinada que estigués, retenia la meua ànima al món dels patiments. Afiguri's, senyoreta, que em van administrar l'extremunció quatre vegades. I entretant, la gent que jo coneixia es moria que donava gust.

PEP COLL, *Les senyoretes de Lourdes* (Barcelona: Proa, 2008)

Vots. 21 (1,74%)

«Bon vent i barca nova!» és una cançó d'Ovidi Montllor que apareix al disc del mateix títol (Ariola, 1978). També és el títol d'una novel·la de l'escriptor Miquel Roger i Crosa (Palamós, 1881-1953), publicada el 1924. I Xesco Boix va treure un disc de cançons infantils amb aquest mateix títol.

Etimologia de *barca* — Del llatí tardà *barca*, mateix significat, potser d'origen hispànic.

96 / 100

JA POTS XIULAR SI L'ASE NO VOL BEURE

La tossuderia dels ases és proverbial i a tots ens ve al cap la imatge d'un ase aturat i el traginer estirant la corda per fer-lo moure. La trobem també en francès, *On ne saurait faire boire un âne qui n'a pas soif*. En castellà i italià, d'una manera més castissa, ho diuen en termes superlatius: *Treinta monjes y un abad no pueden hacer beber a un asno contra su voluntad* i *Trenta monaci ed un abate non farebbero bere un asino per forza*.

Com veiem, doncs, la dita ens adverteix de l'obstinació i tossuderia d'algú. I és prou estesa i coneguda per tenir-ne diverses variants (*De xiular res n'has de treure, si és que l'ase no vol beure*, o *Debades xiules, si l'ase no vol beure*, o *Ja en farem força de xiular, si l'ase no vol beure*, o *Si l'ase no vol beure, deixa'l jeure*).

Hi ha altres expressions de sentit equivalent, que també remarquen la dificultat de fer canviar de parer qui s'ha encastellat en una determinació: *No hi ha pitjor sord que el qui no hi vol sentir*, o *No hi ha pitjor cec que el qui no hi vol veure*, que en castellà diuen *No hay peor sordo que el que no quiere oír* o també *No hay peor ciego que el que no quiere ver*, que també trobem en francès: *Il n'est pire sourd que celui qui ne veut pas entendre* i *Il n'est pire aveugle que celui qui ne veut pas voir*, i en italià, *Non c'è peggior cieco di chi non vuol vedere* i *Non c'è peggior sordo di chi no vuol sentire*. En anglès: *You can lead a horse to water, but you can't make him drink* ('Pots dur un cavall a l'aigua, però no obligar-lo a beure').

I altres, amb sentit semblant, indiquen la inutilitat de fer determinades accions: *Predicar en desert, sermó perdut*.

Josep M. Sugranyes, a *Garbellada de refranys*, en dóna unes interpretacions alternatives: «Aquesta parèmia dóna a entendre que serveix de ben poc usar els mitjans més apropiats per fer millor les coses, quan no s'és capaç d'aprofitar-los. També vol reprendre als qui, advertits d'una falta, hi reincideixen». Seguint amb Sugranyes, també apunta el possible origen de la dita: «El seu origen cal buscar-lo en el costum que tenien els traginers de xiular per fer beure el bestiar quan travessaven un corrent. Aquest costum és ancestral i ja ens en parla l'escriptor i orador romà Cató, al qual s'atribueix el primer llibre de màximes morals. Sembla que, originàriament, tenia un caràcter màgic encaminat a purificar l'aigua de maleficis».

[Berlín, 28 d'agost de 1907] El Dr. Holle m'ha dit que té un cosí materialista, i m'ha convidat d'anar-lo a veure i provar de convertir-lo. Li he dit que, si aquest senyor me demanava una discussió, la tendria; si no la demana, seria fora de lloc presentar-mos-hi, per allò que diu aquell adagi mallorquí: **«si sa bístia no vol beure, no hi ha que siular»**.

ANTONI M. ALCOVER, *Viatge a Alemanya i altres nacions* (Barcelona: Edicions 62, 1996 [1908])

Jo, quan parlo amb gent d'aquesta mena, els repeteixo aquelles paraules de Mefistòfeles, que diuen així: «Grisa és tota teoria, amic estimat; solament és verd l'arbre d'or de la vida». I això els ho repeteixo, no per fer el pedant, sinó per mirar si canvien una mica. Ara, que passa allò de **«ja pots xiular si l'ase no vol beure»**.

JOSEP M. DE SAGARRA, «La lliçó del mar i la muntanya» (*La Publicitat*, 1 d'octubre de 1922), reproduït a *L'ànima de les coses* (Barcelona: Quaderns Crema, 2001)

Vots: 21 (1,74%)

Etimologia de *xiular* — Alteració de *siular*, del llatí *sibilare*, mateix significat.

97 / 100

SALUT I FORÇA AL CANUT!

Aquesta expressió ha sofert una mutació en el sentit original de la dita, que volia desitjar salut i prosperitat econòmica. El canut era el corn buidat on duien la pólvora els bandolers. També era una canya o branca buidada on els mercaders guardaven les monedes d'or. En un moment indeterminat es va perdre la tradició etimològica d'on provenia la dita i s'entenia com a expressió de potència sexual. Per això, sovint és deia: *Salut i força al canut* (als homes) i *Salat i força al forat* (a les dones).

Eugeni S. Reig, a *Valencià en perill d'extinció* (2a ed., 2005), en dóna algun detall més prou interessant, sota la veu 'canut':

> Estoig de forma cilíndrica que s'utilitza per a guardar les agulles de fer calça, documents enrotllats, monedes, etc. El canut de les agulles és un objecte que es pot trobar a totes les cases valencianes.
>
> És coneguda de tots la dita popular: *Salut i força al canut.* Actualment se li dóna el sentit de 'salut i potència sexual', sentit que no és l'original. Antigament, a totes les cases hi havia un canut de metall en el qual es guardaven les monedes d'or i de plata. Tindre «força al canut» volia dir tindre diners. Així doncs, *salut i força al canut* significa 'salut i potència econòmica' i és cosí germà de: *Salut i diners i la glòria després, Salut i gràcia i un duro en la faixa* o *Salut i pessetes i lo que no, són punyetes.*
>
> Aquesta dita valenciana es va popularitzar tant durant la nostra guerra civil (1936-1939) que va arribar a ser d'ús corrent com a brindis i com a salutació entre companys, fins i tot entre els castellanoparlants no valencians.

Inesperadament la Montserrat arriba carregada d'ampolles de xampany, les reparteix entre la Taula dels Homes i la Taula del Despatx. La sorpresa és general. S'alça el Sebas:

—Senyors i senyores, pago jo que em caso el mes que ve.

Crits, felicitacions, facècies, consells, preguntes, intents de dissuasió... Mentrestant la Montserrat ha anat repartint copes de xampany i comencen a saltar els taps disparats contra la persiana del balcó interior. El Camioner, més alt i més gros que mai, diu les paraules de rigor amb la seva veu de rossinyol:

—**Salut i força al canut!** Vinga, avi, vostè també.

—No, no, que no em convé.

El Camioner no li fa cas, li allarga una copa i es disposa a omplir-la-hi.

—Ep, ep, prou, un través de dit i prou —diu l'avi.

—Això no fa cap mal, avi, això cura —crida la Diana.

—A la meva edat... ja se sap, caldera vella, bony o forat.

RAMON SOLSONA, *Figures de calidoscopi* (Barcelona: Quaderns Crema, 1989)

Al final del banquet, amb el cava, arriben els brindis. En ambients populars són d'ús comú entre la gent jove crits amb una manifesta càrrega sexual com «Salut, pessetes i força a les castanyetes!» o el més senzill i conegut **«Salut i força al canut!»**. A partir d'aquest últim ha sortit una versió femenina, «Aroma i força a la poma!», perquè les dones també tenen dret a ser protagonistes.

Al cap d'un any els novençans comencen a ser interrogats per la família sobre l'afer de la descendència.

RICARD MORANT I MIQUEL PEÑARROYA, *Llenguatge i cultura. Per a una ecologia lingüística* (Publicacions de la Universitat de València, 1995)

Vots: 21 (1,74%)

Salut i força al canut (1979) és el títol d'una pel·lícula de Francesc Bellmunt (Sabadell, 1947), amb Juanjo Puigcorbé, Alícia Orozco, Isabel Mestres i Pepon Coromina.

Etimologia de *força* — Del llatí tardà *fortia*, mateix significat, plural neutre de *fortis*, 'fort'; substitut del llatí clàssic *vis*, 'força, vigor'.

98 / 100

DE DESAGRAÏTS, L'INFERN N'ÉS PLE

O *De bones intencions, l'infern n'és ple*. O sigui, que amb la intenció no n'hi ha prou, sinó que cal posar els mitjans per acomplir allò que es pretén, sobretot referint-se a altres persones. *Fets i no paraules*. Amb una imatge més metafòrica, també es diu que *L'infern és empedrat de bones intencions*. Precisament aquest darrer proverbi el trobem reproduït també en castellà, *El infierno está empedrado de buenas intenciones*; en francès, *L'enfer est pavé de bonnes intentions* i, en anglès, *The road to hell is paved with good intentions*.

Es diu quan els beneficis fets a qui no els mereix són correspostos amb desagraïment. I el podríem vincular a altres proverbis sobre desagraïts prou coneguts, com ara *Crieu corbs, i us trauran els ulls* (que també trobem en castellà, *Cría cuervos y te sacarán los ojos*) o *Feu plers a bèsties i us tiraran coces*.

Una variant gairebé literal: *De malagraïts l'infern n'és ple*.

> Deu ser llei de vida, que som tots uns desconeguts, sobretot pels que tens més a la vora. Jo mateix, qui em coneix de debò a mi? Vosatres no, desde luego. La família sempre és l'última d'enterar-se de tot. Em coneixen més bé el Bellesa i el Lluçanès que quansevol de vosatres tres. Ara que esteu juntes us sentiu fortes. Em preneu de cap d'esquila, dieu de mi lo que voleu, però no teniu pebrots de dir-me lo mateix a la cara una per una, per separat. La mitjana sí, aquesta no té manies. Parla poc, però no té pèls a la llengua. **De desagraïts, el món n'és ple**.
>
> RAMON SOLSONA, *L'home de la maleta* (Barcelona: Proa, 2011)

Arriba a la redacció l'últim volum del Termcat: el *Diccionari d'infermeria*. El fullejo. Hi trobo *filosofia* o *concepte*, d'un nivell d'especialització escàs. L'excel·lent edició, amb tapa dura i paper blanc neu, em fa reflexionar sobre com gasta els diners la Generalitat. El Termcat hi ha agafat gust, a fer diccionaris: ja en porta uns 500. Si algú els compra li haurien de donar un diploma. Quin sentit té fer-ho si ja surten al carrer obsolets, presoners de la lletra impresa, impotents davant una terminologia jove i vel·leïtosa? L'utilíssima web del Termcat, exhaustiva, sempre al dia i a l'abast de tothom, resol els dubtes en segons, per més que no faci patxoca a l'aparador ni permeti vistoses presentacions. **De desagraïts**, diran ells, **l'infern n'és ple**. Però no em sé estar de fer aquí una carta als Reis del català per suggerir-los que, amb el calaix eixut per la crisi i el finançament empantanegat, posin els pocs calés que queden on de debò fan falta.

ALBERT PLA NUALART, «Carta als Reis del català» (*Avui*, 19 de novembre de 2008)

Vots: 21 (1,74%)

Etimologia de *desagraït* — De *desagrair*, d'*agrair*, del llatí tardà *gratiire*, derivat de *gratus*, 'agraït', i *gratia*, 'agraïment'; en català antic *grair*.

99 / 100

SEMPRE PLOU SOBRE MULLAT

De la mateixa manera que diuen que la riquesa crida riquesa (*Diner fa diner* o *Diners criden diners*), les desgràcies també semblen atreure'n més. *Ploure sobre mullat* (o *damunt banyat*) significa, doncs, que sobre una desgràcia en ve una altra. I en aquest àmbit dels malastrucs i malaguanyats, hi podem trobar un fum de dites, refranys i proverbis que hi furguen. Gairebé podríem dir que el refranyer en fa sang: *A barca vella, tothom hi fa estella*; *A gos flac, tot són puces*; *Home vell, cada dia un mal novell*; *Ase vell, carregat de nafres*; *Ase magre, ple de mosques*; *A vaques flaques, tot són xinxes i paparres*; *N'hi ha que neixen amb estrella i n'hi ha que neixen estrellats*. Tots reforcen la idea que la desgràcia s'acarnissa en els més febles. La majoria tenen equivalent en castellà: *A perro flaco, todo son pulgas*; *Asno enfermo, de moscas lleno*; *Para los desgraciados, todos los días son martes*; *Las desgracias nunca vienen solas*, o bé *Hombre viejo, cada día un duelo nuevo*. En anglès hi ha el refrany de sentit equivalent *When it rains, it pours* ('Quan plou, diluvia').

> Que hi hagi tant moviment, que hi toqui tant el sol, que hi hagi el cafè i una botiga fa que es pugui dir que el del Solar és el carrer més transitat de Figuerola. I com que **sempre plou sobre mullat**, el fet que sigui el més transitat fa que qualsevol activitat de dins del poble passi pel Solar: les processons, les benediccions d'animals i vehicles, les cercaviles. Així com qualsevol celebració esporàdica, d'una victòria del Barça a una espontània barrila del jovent en revetlla o cap d'any.
>
> RAMON BARNILS, «El Solar de Figuerola» (*El Diabló*, abril de 1995), reproduït a *Articles* (Barcelona: La Magrana, 2001)

Vots: 21 (1,74%)

> Tres pescadors decrèpits havien parat les canyes per provar sort. S'entretenien fumant amb pipa al voltant d'un foc. De tant en tant, el més gros s'inspirava amb el fum i deixava anar una dita sàvia i vulgar, **Sempre plou sobre mullat**, declarava, i els altres dos assentien sense demanar explicacions.
>
> ADA CASTELLS, *Tota la vida* (Barcelona: Empúries, 2005)

«Sempre plou sobre mullat» és una cançó de Sisa que va aparèixer originalment al seu disc doble *La catedral* (1977). *Plou sobre mullat* (1979) és el títol d'una novel·la de Vicenç Riera Llorca (Barcelona, 1903 – Pineda de Mar, Maresme, 1991).

Etimologia de *mullar* — Del llatí vulgar *molliare*, 'estovar'. Altres mots de la mateixa família són *amollar*, *mullader*, *remullar* i *mol·lusc*.

100 / 100

MÚSIC PAGAT NO FA BON SO

Aquesta expressió és una prevenció clara contra els avançaments de diners, sobre les bestretes. Si algú que ens ha de fer un servei o una feina, ja l'ha cobrada, no posarà el mateix esmerç a complir-la puntualment i de manera correcta. Amb expressions molt més dràstiques, podem trobar recomanacions equivalents: *A diners pagats, braços cansats* (o *trencats*). També trobem frases equivalents en castellà: *A dineros cobrados* (o *tomados*), *brazos quebrados*; *El gato ahíto no caza ratones*. Però en trobem també de sentit contrari: *Els cansats fan la feina*.

Una de les maneres de fer tractes per encomanar una feina és cobrar-la pel que costa, que sembla el més honest i correcte. Un altre és pagar-ne un preu convingut d'antuvi. En català en diem *treballar a preu fet*, *a escar*, *a escara*, o *a escarada*. En castellà en diuen *Trabajar a destajo*. Sobre aquest sistema, també ens prevé el refranyer: *Preu fet, treball mal fet*.

Josep M. Sugranyes, a *Garbellada de refranys*, ens apunta un possible origen de la dita:

> L'origen de l'expressió és degut al fet que antigament, i fins al primer terç del segle actual, l'exercici de la música havia estat mal vist i, sobretot, mal pagat, tal vegada perquè la majoria dels practicants, en els seus inicis, havien estat jueus i àrabs, aquests darrers de molt baixa condició. Fins no fa massa anys, quan s'organitzaven festes i danses, la part econòmica que corresponia als músics ni es tenia en consideració, i només cobraven alguns diners, per la qual cosa s'havien de conformar amb tenir plat a taula i un llit per dormir mentre durava la festa, i sempre en les cases més humils de la població on se celebrava. Diu la veu popular que en algunes ocasions que se'ls havia donat un millor tracte i s'havien atipat abans de tocar, la música sonava molt pitjor i, fins i tot, s'havia donat el cas de marxar del poble sense arribar a tocar.

—Enlliteu-lo d'una vegada! —cridà l'alcalde en plena febre de preparatius—. El desori d'aquesta tropa no pot durar ni un moment més...

—No volen enllitar-se! —digué l'agutzil—. Demanen diners.

—Fins que la festa sigui acabada no hi haurà diners. **Músic pagat fa mal so**, i no estic per anomalies.

—Pensi, el senyor alcalde, que tots tenen una salut magnífica...

—Pitjor per a ells. Res de diner previ.

—Llavors —insinuà l'agutzil— se'ls haurà de donar menjar. Abans d'entrar a l'hospital demanen un arròs, perquè, segons diuen, senten l'aprensió de l'establiment.

—D'acord. Passo per això de l'arròs.

JOSEP PLA, *Un senyor de Barcelona* (Barcelona: Selecta, 1951)

Vots: 21 (1,74%)

«Músic pagat fa mal so» és un conte de Jaume Fuster que apareix al seu llibre *Les claus de vidre* (1984).

Etimologia de *músic* — Del llatí *musicus*, i aquest, del grec μουσικός, 'que cultiva les Muses, les belles arts'.

REFERÈNCIES BIBLIOGRÀFIQUES

AMADES I GELATS, Joan (1933): *Calendari de refranys*. Barcelona: Oficina de la Neotípia. «Biblioteca de Tradicions Populars», 10 / Reeditat en edició facsímil a Tarragona: El Mèdol (2002), col·lecció «Biblioteca de Tradicions Populars», 13.

—— (1935): *Refranys personals*. Barcelona: Selecta.

—— (1950): *Costumari català. El curs de l'any*. Barcelona: Salvat. En 5 volums.

—— (1951a): Folklore de Catalunya. Cançoner. Barcelona: Selecta.

—— (1951b): *Refranyer català comentat*. Barcelona: Selecta. / Selecta-Catalònia, 1990: 2a edició dins la col·lecció «Club de Butxaca», 20.

BELLMUNT I FIGUERAS, Joan (1992): *Fets, costums i llegendes. Vall d'Aran. Refranys*. Lleida: Virgili i Pàges.

BRUGUERA I TALLEDA, Jordi (1996): *Diccionari etimològic*. Barcelona: Enciclopèdia Catalana.

CENTRO VIRTUAL CERVANTES (2005): *Refranero multilingüe*. [En línia: http://cvc.cervantes.es/lengua/refranero/]

Diccionari català-valencià-balear (DCVB) (1926-1968). Palma: Moll. [En línia: http://dcvb.iec.cat/]

ESPUNYES I ESTEVE, Josep (2007): *Dites, locucions i frases fetes*. Barcelona: Proa. Col·lecció «Les Eines», 49.

FARNÉS I BADÓ, Sebastià (1992-98): *Paremiologia catalana comparada*. Barcelona: Columna. 8 volums. Edició a cura de Jaume Vidal Alcover, Magí Sunyer i Josep Lluís Savall, amb la col·laboració de Josep M. Pujol.

FERRER, Fra Magí (1839): *Diccionario catalán-castellano*. Barcelona: Imprenta y Librería de Pablo Riera.

GIMENO, Isabel (1989): *El llibre dels refranys catalans*. Barcelona: De Vecchi.

LLULL MARTÍ, Antoni (1994): *Reflexions sobre la saviesa dels proverbis*. Palma: "Sa Nostra". Caixa de Balears. Col·lecció «Tià de sa real», 41.

MILLÀ I REIG, Lluís (1965): *Cinc mil refranys catalans i frases fetes, populars*. Barcelona: Millà. Col·lecció «Vell i nou», 3.

MIRAVITLLES, Joan (1989): *Diccionari general de barbarismes i altres incorreccions*. Barcelona: Claret. Col·lecció «Pompeu Fabra», 10.

PÀMIES I RIUDOR, Víctor (2007): *Refranyer català-castellà*. [En línia: http://refranyer.dites.cat/]

—— (2011): *Amb cara i ulls. Dites i refranys sobre l'ull*. Vallromanes: Autopublicació. Col·lecció «Enciclopèdia paremiològica del cos humà», 1. [En línia: http://ulls.dites.cat]

PARÉS I PUNTAS, Anna (1997): *Diccionari de refranys: català-castellà, castellà-català*. Barcelona: Edicions 62.

—— (1999): *Tots els refranys catalans*. Barcelona: Edicions 62.

PERRAMON I BARNADAS, Sever (1979): *Proverbis, dites i frases fetes de la llengua catalana*. Barcelona: Millà. Col·lecció «Llengua viva», 2.

PONS LLUCH, Josep (1993): *Refranyer menorquí*. Ciutadella: Institut Menorquí d'Estudis. Col·lecció «Quadern de Folklore», 50.

SÁNCHEZ FÉRRIZ, Miquel Àngel (2003): «Elaboració d'un recull de proverbis en diverses llengües europees, amb l'establiment de les equivalències corresponents, per a la seva utilització com a recurs pedagògic a la classe de llengües estrangeres». Barcelona: Generalitat de Catalunya, Departament d'Ensenyament. [En línia: http://www.doredin.mec.es/documentos/00720051000119.pdf]

SAURA, Santiago Ángel (1884): *Refranero castellano-catalán. Refranes, adagios, proverbios, aforismos, frases proverbiales, etc. Separata del novísimo Diccionario Manual de las lenguas castellana-catalana*. Barcelona: Librería de Esteban Pujal.

SERRA I BOLDÚ, Valeri (1928): *Arxiu de tradicions populars. Recollides a Catalunya, València, Mallorca, Rosselló, Sardenya, Andorra i terres aragoneses de parla catalana*. Barcelona: José J. de Olañeta. 2a edició facsímil (1992), publicada en 7 volums i en cartoné.

SUGRANYES, Josep M. (1999): *Garbellada de refranys. Aires de serè en la nostra parla*. Valls: Cossetània. Col·lecció «El Tinter», 13.

VARIOS AUTORES (1998): *877 refranes españoles con su correspondencia catalana, gallega, vasca, francesa e inglesa*. Madrid: Ediciones Internacionales Universitarias.

ÍNDEX ALFABÈTIC DE REFRANYS

ÍNDEX D'AUTORS CITATS *

* Els números entre claudàtors corresponen als números dels 100 refranys.